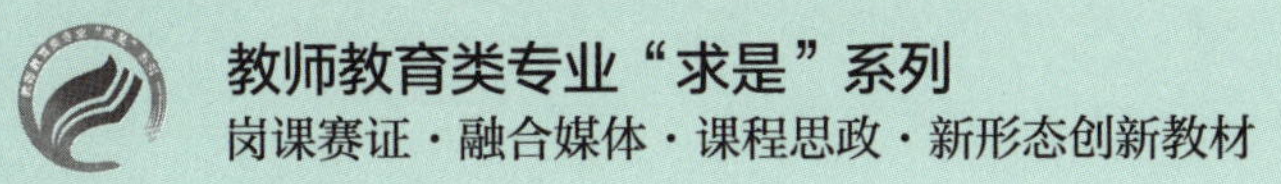

幼儿园班级管理实用教程

Kindergarten Class Management: A Practical Course

邢春娥 余成红 魏 锋 /主 编
马 倩 李素霞 冯 兵 刘 荃 张秋菊 /副主编

ZHEJIANG UNIVERSITY PRESS
浙江大学出版社
·杭州·

图书在版编目（CIP）数据

幼儿园班级管理实用教程 / 邢春娥，余成红，魏锋主编. —杭州：浙江大学出版社，2023.1
ISBN 978-7-308-23396-5

Ⅰ. ①幼… Ⅱ. ①邢… ②余… ③魏… Ⅲ. ①幼儿园—班级—学校管理—教材 Ⅳ. ①G617

中国版本图书馆CIP数据核字（2022）第242282号

幼儿园班级管理实用教程
YOUERYUAN BANJI GUANLI SHIYOUG JIAOCHENG
邢春娥 余成红 魏 锋 主编

责任编辑 郑成业
责任校对 李 晨
装帧设计 春天书装
出版发行 浙江大学出版社
（杭州市天目山路148号 邮政编码 310007）
（网址：http://www.zjupress.com）
排 版 杭州林智广告有限公司
印 刷 杭州高腾印务有限公司
开 本 787mm×1092mm 1/16
印 张 13.75
字 数 265千
版 印 次 2023年1月第1版 2023年1月第1次印刷
书 号 ISBN 978-7-308-23396-5
定 价 58.00元

PREFACE

前言

随着教育部《教师教育课程标准（试行）》的颁布与实施，“幼儿园班级管理”课程已经成为越来越多师范院校学前教育专业学生的必修课程，目的就是让学前教育专业的学生毕业后能够尽快适应幼儿园班级管理工作，提升职业核心竞争力。

本教材在编写的过程中，紧紧围绕《幼儿园工作规程》《幼儿园教育指导纲要（试行）》《3～6岁儿童学习与发展指南》等重要文件精神，结合《幼儿园教师专业标准（试行）》《职业院校教材管理办法》等的要求，积极贯彻“师德为先、幼儿为本、能力为重、实践导向”的理念，具体表现为以下几个方面：

1. 思政融合，立德树人

本教材在每个项目的开始部分，设置有“古为今用”板块，结合每个项目所学内容，以优秀传统文化经典诗句为引，提炼诗句的核心内涵，学习古人的智慧，与现学内容互相融合，起到“古为今用”的作用，使学生树立正确的教育观，引导学生树立终身学习的远大理想，同时传递中华优秀传统文化。

2. 岗学结合，实用性强

本教材严格按照《教师教育课程标准（试行）》中“幼儿园职前教师教育课程目标与课程设置”的要求设置任务内容，具有较完整的知识体系，“任务实训”模块注重课堂互动，强调岗学结合，实用性强。

3. 体例创新，训练有序

本教材进行了体例创新，任务实施中的各个步骤有序递进，让学生在学习系统的理论知识后，逐步进行技能训练：步骤一是“知识梳理”，学习必备的理论知识；步骤二是“任务实训”，结合幼儿园一线工作提出问题，注重课堂互动，训练综合能力；步骤三是“思考提升”，培养学生的自主学习能力和实践能力；步骤四是“任务评价”，是对学生每个任务学习情况的检验。

4. 附录表格，全面实用

本教材不仅重视正文部分内容的打造，也重视附录的作用，收录了 18 个幼儿园班级管理常用表格，是不可多得的实用资源。教师可以直接参考使用，学生则可以直观了解常用表格的结构及其功能。

5. 配套丰富，助力学习

本教材大力开发数字化教学资源，配套有课件、教案、微课视频等资源，形式多样，凸显了现代学习方式的互动性、移动性、随时性，以丰富教师的教学手段、提高学生的学习效率。课件、教案可在信息化平台下载使用，微课视频则以二维码的形式嵌入教材中，扫码即可观看。

本教材适合学前教育专业的学生使用，也可作为学前教育工作者的学习参考书。由于编者水平有限，教材中难免存在不足之处，请专家与广大读者批评指正。

编者

2023 年 1 月

CONTENTS 目录

项目一 走进幼儿园班级管理

古为今用

古文：

采得百花成蜜后，为谁辛苦为谁甜。

——〔唐〕罗隐《蜂》

今用：

“采得百花成蜜后，为谁辛苦为谁甜”的意思是蜜蜂辛苦采尽百花酿成了蜂蜜，可到头来它是在为谁忙碌，又是为谁酿造醇香的蜂蜜呢？此句赞美了蜜蜂辛勤劳动的高尚品格。带班是幼儿教师专业成长的起点，在带班的过程中，幼儿教师不仅兼具了教育者与管理者的双重角色，更需要边教育边管理、融管理于教育。正所谓“班级无小事，事事皆教育；教师无小节，处处是楷模”。班级管理虽为幼儿教师的日常工作，考验的却是幼儿教师的综合素质与能力。幼儿园班级管理工作细致而烦琐，经常会出现各种各样的问题，需要幼儿教师想办法解决，并对这些问题进行深入思考和探究。本项目旨在引导学生正确认识幼儿园班级，初步构建幼儿园班级管理体系，提升职业素养和专业技能，为以后开展具体的班级管理工作打下基础。

学习目标

1. 知识目标：了解幼儿园班级的基本结构、功能，教师的基本配置、工作职责，幼儿园班级管理的内容、过程和原则。

2. 技能目标：能够根据幼儿的年龄特点灵活应用幼儿园班级管理的方法，有的放矢地开展幼儿园班级管理工作。

3. 素质目标：能够以幼儿为本，通过有效的班级管理为幼儿创设良好的教育环境，使每一个孩子身心全面、协调、健康地发展。

4. 思政目标：能够通过科学民主的班级管理，影响和培养幼儿良好的行为习惯、优秀的思想品德和全面的素质能力。

学习建议

班级是幼儿园的细胞，是幼儿园实施保教任务的小集体。教师应引导学生明确班主任是班级管理的第一责任人，要按照一定的原则和具体要求，采取适当的方法，组织、引导、协调各种因素，构建良好的班级管理体系，以此推进班级管理活动，实现班级目标。

思维导图

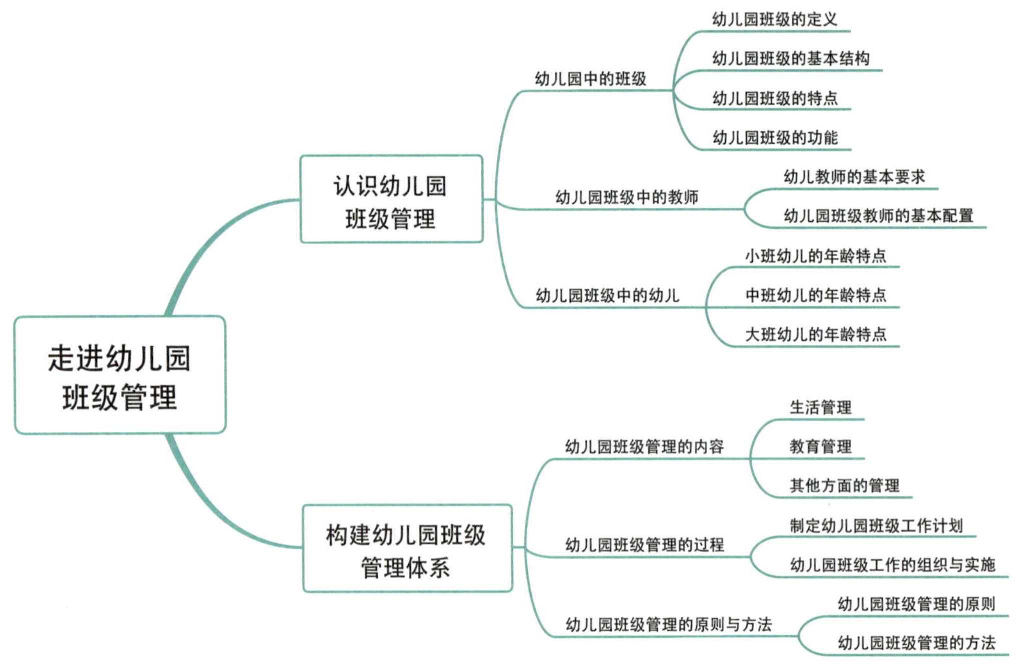

笔记栏

任务一 认识幼儿园班级管理

任务背景

班级是幼儿在幼儿园具体的生活环境，幼儿大部分活动都是在班级内进行的。什么是幼儿园班级？它具有什么特点，由哪些元素组成，发挥着哪些作用？同时，班级中的主要人员——教师和幼儿，他们扮演了怎样的角色，具有什么样的特点，等等，这些都是学前教育专业学生必须了解和掌握的。

任务目标

1. 了解幼儿园班级及班级设置。

2. 了解小班、中班、大班幼儿的年龄特点，在实际的保教工作中能够根据幼儿的不同年龄灵活开展班级管理工作。

任务准备

搜集整理幼儿园小班、中班、大班的一些活动照片或视频，让学生对幼儿园班级有初步的了解。

任务实施

步骤一 知识梳理

一、幼儿园中的班级

（一）幼儿园班级的定义

班级是幼儿园的基层组织，是幼儿园实施保教任务的基本单位。幼儿园班级的概念有狭义和广义之分。

狭义的班级是指在幼儿园中按照一定的目标、任务和构成原则（年龄、发展水平和人数等）组建起来的幼儿集合体。要实现幼儿园的保教任务，必须依托班级这个基本单位。班级是幼儿在幼儿园中所处的最贴近的环境和最具体的生活场所，是幼儿全面发展所依赖的基本条件，其构成因素是幼儿健康成长的

笔记栏

直接影响源。

广义的班级是指由教师、家长及社区共同参与的活动组织，这个组织承担着促进幼儿发展的具体任务。班级需要物质条件、人文环境和社会关系等因素的支持；班级是人类教育生态系统的重要组成之一，它是幼儿发展的生态环境的核心层面。它的组成因素对幼儿的发展具有最直接的影响，其中班级保教工作的质量是其生态环境优劣的主要评判依据。

幼儿园班级在幼儿园层面一般指狭义的班级，它是对 3 ～ 6 岁幼儿进行保教活动的基本组织单位，幼儿是幼儿园的教育对象，是班级的主体。幼儿园班级是幼儿园组织、安排教育活动和生活活动的重要场所与基本途径，整个幼儿园的工作都是通过各个班级的工作来实现的。

（二）幼儿园班级的基本结构

1. 人员结构

（1）保教人员

幼儿园班级保教人员包括专业教师和保育员。

《幼儿园工作规程》（以下简称《规程》）指出：幼儿园教师和保育员是幼儿园班级管理的主要承担者。他们肩负着对幼儿进行保育和教育的双重任务，对幼儿的学习与发展起着核心作用。

班级保教人员的配备数量、分工合作形式及岗位职责，直接影响幼儿园保教目标的达成度。因此，幼儿园应当根据幼儿年龄、班级规模等实际情况配备适宜的专业教师和保育员，使每名幼儿在一日生活中都能得到成人的照顾。

资料链接

《规程》第四十一条明确规定幼儿园教师对本班工作全面负责，其主要职责如下：

（1）观察了解幼儿，依据国家有关规定，结合本班幼儿的发展水平和兴趣需要，制订和执行教育工作计划，合理安排幼儿的一日生活。

（2）创设良好的教育环境，合理组织教育内容，提供丰富的玩具和游戏材料，开展适宜的教育活动。

（3）严格执行幼儿园安全、卫生保健制度，指导并配合保育员管理本班幼儿的生活，做好卫生保健工作。

（4）与家长经常保持联系，了解幼儿家庭的教育环境，商讨符合幼儿特点的教育措施，相互配合共同完成教育任务。

笔记栏

（5）参加业务学习和保教研究活动。

（6）定期总结、评估保教工作实效，接受园长的指导和检查。

《规程》第四十二条明确规定了幼儿园保育员的主要职责：

（1）负责本班房舍、设备、环境的清洁卫生和消毒工作。

（2）在教师的指导下，科学照料和管理幼儿的生活，并配合本班教师组织教育活动。

（3）在卫生保健人员和本班教师的指导下，严格执行幼儿园安全、卫生保健制度。

（4）妥善保管幼儿衣物和本班的设备、用具。

（2）幼儿

幼儿是幼儿园的教育对象，是班级的主体。

班级中的幼儿来自不同的家庭，受遗传、教育、环境等因素的影响，具有不同的经验、行为方式、发展速度以及个性特点。幼儿的年龄特点决定了他们的认知、动作、社会化的发展具有阶段性。因此，在实施保育和教育双重培育的同时，保教人员必须考虑到每个幼儿的个体差异，充分认识到幼儿园班级工作的复杂性和灵活性。

资料链接

《规程》第一章“总则”第二条明确规定：“幼儿园是对 3 周岁以上学龄前幼儿实施保育和教育的机构。幼儿园是基础教育的重要组成部分，是学校教育制度的基础阶段。”第四条指出：“幼儿园适龄幼儿为 3 周岁至 6 周岁（或 7 周岁）。”

（3）家长

家长是指幼儿的父母或者其他监护人。家长是幼儿的第一任教师，直接影响着幼儿的生活习惯、对生活的态度以及人格的发展等。幼儿的年龄越小，越依靠成人来满足其成长的需要和教会他们所需的知识和生活技能。家长的言行举止对幼儿具有潜移默化的影响，他们是幼儿教育的重要力量。

在幼儿园班级中，教师要充分认识到幼儿家长的关键地位和重要作用。每个家庭都是不同的，都有不同的教养风格，甚至与幼儿教师的教育理念和价值观不同，这种不同直接影响着家园合作的质量。家长参与幼儿教育，能促进幼

笔记栏

儿身心健康及和谐发展。教师只有本着尊重、平等、合作的原则，争取家长的理解、支持和主动参与，并积极引领、帮助家长提高教育能力，才能真正发挥家庭作为幼儿园重要合作伙伴的作用。

《规程》指出："幼儿园应主动与家长配合，帮助家长创设良好的家庭环境，向家长宣传科学保育教育幼儿的知识，共同担负幼儿教育的任务。"

2. 物质设施

幼儿园班级物质设施主要包括空间环境和班级基本设施两个方面。

（1）空间环境

空间环境主要是指幼儿园的房舍和活动场地。空间环境相对较大，幼儿就能在班级中自由地进行各种活动，充分发挥环境与幼儿之间的相互作用。一般要求幼儿园班级要有足够大的面积（人均不低于 2 平方米，总面积不低于 50 平方米），室内通风良好、光线充足。另外，室外环境绿化面积不能低于 15%，还要有相对宽敞且通畅的走廊、一定面积的储藏室、独立寝室、独立卫生间等。

（2）班级基本设施

班级基本设施包括桌椅、玩具架、盥洗卫生用品（有流动水盥洗，做到一人一巾一杯），以及必要的教具、玩具、图书和乐器等。这些设施既要满足幼儿的使用要求，同时必须保证安全性能。比如，每班需配备一定数量的不同种类的玩具，在玩具的选择上要适合各班幼儿的年龄特点，并保证其材料、质地达到安全标准，不会对幼儿身体造成伤害。

3. 组织结构

（1）班集体

班集体是幼儿园班级最基本的组织形式，通常由保教老师和幼儿共同组成。班集体的形式可以集中、高效地达成教育目标，有利于发挥教师的主导作用，进行班集体的教学作业，以减轻教学负担。教师在管理班集体工作中，要加强幼儿对班集体的理解，利用班集体的合作力量、竞争效应对幼儿进行教育和引导。

（2）小组

小组是班级的基层组织形式，主要有固定小组和临时（随机组合）小组两种。固定小组一般由教师根据幼儿的特点进行分组，有利于幼儿的生活和学习。临时小组往往是根据一定的需要临时组建的小组，这类小组的成员经常随活动的内容而变化。

笔记栏

总之，无论是固定小组还是临时小组，它们都可以给幼儿提供更多交流互动的机会，更利于活动的完成，教师应引导幼儿积极开展小组活动。

（3）个体

个体是指班级内的每个成员，包括教师和幼儿。个体的背景、性格特征等都会对班集体及其成员产生影响。因此，在班级活动中，一方面要发挥幼儿的自主性，给予其活动的自由；另一方面又要让个体适应集体，努力成为集体中的一员。

（三）幼儿园班级的特点

1. 保教并重

保育和教育是幼儿园工作的两大方面，二者相互联系，相互渗透，在同一过程中实现。保教并重是幼儿园教育特殊性的具体表现，也是幼儿园教育的基本原则，这是由幼儿的身心发展特点决定的。幼儿正处于身体发展的关键期，只有其身体获得适宜的发展方能参加正常的幼儿园教育活动。为此，保教并重无疑是幼儿园必须予以贯彻和遵守的基本原则。幼儿园班级作为保教活动开展的基本单位，在一日生活中坚持贯彻保教原则，将对幼儿的身体看护和照顾与对幼儿的智能教育相结合，从而真正实现保教并重，避免陷入“重保轻教”或“重教轻保”的窘境。

2. 游戏为主

游戏是学前教育机构的基本活动。幼儿游戏主要有两个命题，即游戏是幼儿的基本活动和幼儿以游戏为基本活动。对于学前儿童来说，游戏也是一种学习，是一种更重要、更适宜的学习。游戏活动更容易唤起儿童的学习兴趣，使儿童在玩中学、在学中玩，学得轻松愉快。此外，游戏既是课程的内容，又是课程实施的背景，还是课程实施的途径。幼儿园班级活动在课程目标的制定、课程计划的安排、班级环境的创设、课程内容的组织形式、教学模式等方面都要映射和体现游戏精神，为幼儿游戏活动的开展提供适宜的物理空间和心理环境。

3. 启蒙教育

家庭教育是人最早接受的非正规形式的启蒙教育，而幼儿园教育则是个体接受正规公共教育的起点。作为学前教育的重要组成部分，幼儿园教育担负着启蒙幼儿个体德、智、体、美等全面发展的重要任务。幼儿园班级的启蒙性在于为开启幼儿应具备的关键能力提供有意义的经验，并不要求幼儿此刻表现出和获得完善的能力。教育部《3 ～ 6 岁儿童学习与发展指南》（以下简称《指南》）

笔记栏

中的健康领域对幼儿的进食和睡眠进行了较为详细的规定，其目的在于保证幼儿的身体健康，从而能够为其他能力的获得提供基础。

（四）幼儿园班级的功能

1. 生活功能

生活功能是指幼儿园班级对幼儿具有生活基础的功能，具体包括以下几个方面。

（1）引导幼儿一日生活的功能

幼儿一日生活的组织引导是指保育人员对幼儿在幼儿园一天的各项活动进行有序、合理的安排，主要包括餐饮活动、睡眠活动、盥洗活动、如厕活动、整理活动、散步和自由活动等，使幼儿一日生活有规律、有节奏，做到劳逸结合。

（2）实施幼儿卫生保健的功能

根据儿童不同年龄段的特点，建立科学合理的一日生活制度，培养儿童良好的健康习惯，为儿童提供合理的营养膳食，科学制定食谱，保证膳食均衡。

（3）组织幼儿锻炼身体的功能

幼儿园要制定适合儿童生理特点的体育锻炼计划，根据儿童年龄特点开展游戏和体育活动，保证儿童户外活动时间，提高儿童身心健康水平。建立健康检查制度，定期对儿童进行健康检查，建立健康档案。坚持晨检和健康观察，做好常见病预防工作，及时处理问题。

2. 教育功能

教育功能的发挥是教育目标实现的重要保证，幼儿园班级管理要以促进幼儿在健康、认知、社会性、情感、个性等方面的和谐发展为目标。教学内容需多考虑一些常识性的知识，尽可能贴近儿童在现实生活中看得见、体会得到的知识点。

3. 社会功能

社会功能即实现社会价值的功能。幼儿园各年龄段的班级不仅发挥着保教的功能，在支持幼儿成长的同时，也体现着社会对幼儿教育的要求。良好的班集体，有助于实现教学目标，提高学习效率；有助于维持班级秩序，形成良好的班风；有助于锻炼幼儿能力，帮助儿童进行社会角色学习，获得认识社会、适应社会的能力。

笔记栏

二、幼儿园班级中的教师

（一）幼儿教师的职业要求

班级管理中教师的职责和地位

为促进幼儿园教师专业发展，建设高素质幼儿园教师队伍，教育部于2012 年颁布了《幼儿园教师专业标准（试行）》（以下简称《专业标准》），对幼儿教师的职业有了比较明确的规范要求，具体如下。

1. 幼儿为本

尊重幼儿权益，以幼儿为主体，充分调动和发挥幼儿的主动性；遵循幼儿身心发展特点和保教活动规律，提供适合的教育，保障幼儿快乐、健康地成长。

2. 师德为先

热爱学前教育事业，具有职业理想，践行社会主义核心价值体系，履行教师职业道德规范，依法执教。关爱幼儿，尊重幼儿人格，富有爱心、责任心、耐心和细心；为人师表，教书育人，自尊自律，做幼儿健康成长的启蒙者和引路人。

3. 能力为重

把学前教育理论与保教实践相结合，突出保教实践能力；研究幼儿，遵循幼儿成长规律，提升保教工作专业化水平；坚持实践、反思、再实践、再反思，不断提高专业能力。

4. 终身学习

学习先进学前教育理论，了解国内外学前教育改革与发展的经验和做法；优化知识结构，提高文化素养；具有终身学习与持续发展的意识和能力，做终身学习的典范。

《专业标准》是国家对合格幼儿教师专业素质提出的基本要求，是幼儿园教师培养、准入、培训、考核等工作的重要依据，也是幼儿教师开展保教活动的基本规范。

（二）幼儿园班级教师的基本配置

在现阶段，我国幼儿园班级教师配置大致有以下五种形式。

1. 两教一保

“两教一保”即两名教师、一名保育员，这是大多数幼儿园班级的配置形式。教师主要负责班级的教育教学活动，保育员主要负责班级的物品管理、幼儿生活和卫生保健工作。

笔记栏

2. 三教共保

幼儿园班级配置三名教师，共同承担教育和保育工作。“三教共保”的分工形式有两种：一种是三名教师轮流负责班级的教育和保育工作，每周轮班开展保育工作；另一种是三名教师分别负责不同领域或不同内容的教育工作，保育工作也同步完成。

“三教共保”的分工方法，有的按幼儿的不同发展水平分组，有的按幼儿的不同智能类型分组，有的则是按教师在不同领域的特长分组。其优势在于：每个教师都能关注到幼儿各方面的学习与发展，真正做到保中有教、教中有保、保教结合；三名教师能做到优势互补，灵活采取集体、分组相结合的方式与幼儿进行互动学习，并且有利于教师有针对性地对幼儿进行个别指导。

3. 两教共保

幼儿园班级配置两名教师，二人共同负责保教工作。一般会采取每半天一人负责教育工作，一人负责保育工作，两人轮换工作的方式。

4. 一教一保

幼儿园班级配置一名教师和一名保育员。教师负责教育教学工作，保育员负责生活、卫生保健工作。

5. 一教包班

幼儿园班级只配置一名教师，全面负责班级的所有工作。

除了上述五种幼儿园班级教师配置形式，有条件的幼儿园还出现了跨班专职教师的设置形式，如专职体能教练、专职音乐教师、专职美术教师等，负责两个以上班级的某领域活动，并轮流兼职各班级的其他工作。

幼儿园班级教师的配置形式存在明显的城乡差异，受经济发展水平制约，“两教共保”“一教一保”“一教包班”的形式多出现在乡镇及农村幼儿园。

主班教师的选拔及工作职责

为保证班级管理工作的顺利开展，使班级各项工作有计划、有组织地进行，在幼儿园园长的指导下，每个班级都会通过竞聘、协商或指定的方式，确定一位班级负责人，简称主班教师、班主任。主班教师在班级工作中发挥着核心的领导作用，关系着整个班级管理工作的水平，因此其选拔和任命必须慎重。

幼儿园班级工作管理制度

笔记栏

1. 主班教师的选拔条件

（1）具有高尚的师德修养，以德服人

主班教师应该具有隐性的管理能力，如个人的价值理念，职业责任感，工作热情，工作态度（以身作则、为人师表、无私奉献、顾全大局）等，这些个人素养会赢得其他教师的信赖，形成一定的凝聚力和号召力。

（2）具有扎实的专业素养，以能服人

作为主班教师，“打铁先要自身硬”。主班教师应该具有过硬的专业能力，如教育活动组织能力、环境创设能力、幼儿学习与发展的分析评价能力、游戏设计组织能力等，在班级教师中树立专业威信，赢得尊重和信服。

（3）具有良好的沟通能力，以诚服人

作为主班教师，应该具备良好的亲和力和沟通协调能力，能以真诚为原则处理好各种关系及矛盾，与园领导、幼儿家长、其他班级同事、本班级教师及幼儿建立宽松、和谐、信任、合作的人际交往关系，为班级管理工作起到疏通、公关的先遣作用。

（4）具有科学的管理策略，以理服人

作为主班教师，应该具备较强的科学管理能力，如思维敏捷、头脑清楚、遇事冷静等，能统筹全局，有一定的管理知识、组织技巧和领导艺术，有善于发现问题、解决问题以及创新工作的能力，以科学的管理提升整个班级的工作效率。除此之外，年龄、学历、教龄、工作经验、稳定性等也是园领导选拔与任命主班教师需要考虑的条件。

2. 主班教师的工作职责

主班教师就是班级的“一家之长”，既要承担班级的安全、保管、计划、评估等任务，又要管理、组织好幼儿的一日活动，安排、协调好班级成员间的分工合作。

幼儿园主班教师的主要职责可以归纳为以下五个方面。

（1）制订班级工作计划

每学期初，主班教师要组织本班教师根据幼儿园工作计划，结合本班幼儿的实际情况，制订出切实可行的班级学期计划、月计划、周计划、日计划。对于幼儿园的重点工作，如区域活动计划、养成计划等更是要具体、详细地讨论制订。计划是行动的指南，有了具体可行

笔记栏

的全面工作安排，班级的保育、教育、管理工作才能有的放矢地逐步开展。活动的组织实施也是很重要的环节，主班教师要及时分析本班幼儿的现有水平、班级教师的优势领域，科学、合理地安排班级各项工作，争取圆满完成保育和教育工作。

（2）带领班级教师团队

幼儿园工作琐碎、零散，包括管理班级物品，满足幼儿的基本生理需求，带领幼儿开展游戏、学习，以及家园互动、备课、制作教具、准备环境材料等。虽然每个教师都有明确的分工，但更需要大家精诚合作。班级中的教师都有自己的强项，也有自己的弱项，主班教师在做好自己工作的同时，更要指导、协助好其他教师的工作，发挥班级“黏合剂”“润滑剂”的作用，营造亲密、和谐、团结、凝聚的人际氛围，让每个教师都发挥自己的强项，从而达到教师之间资源共享、步调一致地共同管理班级的目的。

（3）建立良好师幼关系

在班级的各项工作评价中，归根结底，幼儿喜欢才是硬道理。因此，主班教师要善于指导其他教师运用科学的教育观、幼儿观准确解读幼儿，走进幼儿的内心世界，努力做幼儿的知心朋友，并在此基础上观察、分析、评价、引领幼儿在各项活动中的学习与发展。

（4）构建合作信任关系

让每个幼儿富有个性地发展，是家庭和幼儿园的共同愿望，这为家园共同体的建构提供了足够坚实的发展空间。主班教师要紧紧把握这个共同出发点，遵循“以情感人、以诚动人、以理服人”的原则，协同班级教师一起创造性地做好家园工作，构筑理解、信任、合作的家园关系，实现幼儿个体、家长自身、幼儿园声誉、教师地位等多方共赢。

（5）承担上传下达任务

上传下达是主班教师的基本职责，包括及时向班级教师传达幼儿园工作任务并召开班务会统筹安排班级工作，向幼儿园汇报、反馈班级各项活动成果、经验、问题及困惑，获得园方理解、支持和指导，同时为园方调整、完善工作计划提供第一手参考资料。

总之，幼儿园工作因教师付出多、周期长的特点，需要班级教师做出精细分工，各负其责，但幼儿园保教结合的工作特点又决定了教

笔记栏

师之间的分工是相对的，更多时候需要在主班教师的领导下，相互紧密合作，共同完成班级的全面工作。因此，每个教师都需具备“教师、保育员合二为一”的能力。

三、幼儿园班级中的幼儿

在我国，大多数的幼儿园是按照年龄进行编班，即小班、中班、大班。三个年龄班的特点不同，带班的方法也不同。了解掌握各年龄班幼儿的年龄特点，是做好幼儿园班级管理的基础。

（一）小班幼儿的年龄特点

小班幼儿一般是指3～4周岁的幼儿。小班的幼儿刚刚入园，语言和行为的发展还不完善，再加上环境和要求都发生了很大的变化，在进行管理时有一定的难度。

1. 最初步的生活自理

小班幼儿的一个显著进步，就是逐渐摆脱自我中心，学习按指令行动，逐渐学会最初步的生活自理，比如，会自己用勺子进餐、会自己穿衣裤、会解会扣较容易操作的纽扣、会穿不用系鞋带的鞋子、会自己洗手、能控制大小便等，这表明小班幼儿已开始能适应集体生活了。但由于受动作能力发展的制约，他们的动作比较迟缓、笨拙，需要成人给予耐心的指导。

2. 动作协调性增强

小班幼儿的大动作协调性增强，喜欢跑、跳、钻、爬和踏小轮车等活动，喜欢跟着大孩子、成人玩追跑游戏等。小班幼儿手部小肌肉的发展相对较迟缓，但双手协调技能有了较大发展，他们会折纸、会用蜡笔画画，动作逐步精细化。

3. 思维带有直觉行动性

思维依靠动作进行，是学前早期儿童的典型特点，小班幼儿仍然保留着这个特点。他们的思维很具体、很直接，思维活动常常受到行动和外部环境的影响。做事情时往往会先做后想，或者边做边想，不会先思考再做。比如，当教师让其数一数桌子上有几个苹果时，他们用手一个一个地数才能数清楚，不会像大一点的孩子或成人那样在心里默数。

4. 自我概念开始发展

小班幼儿喜欢与人交往，尤其喜欢与同伴一起活动。在与同伴或成人的交往中，幼儿开始发展自我概念，如自己的名字、性别，自己喜欢干什么，什么是“我的”，什么是“你的”等。但他们在与人交往时，带有明显的自我中心倾

笔记栏

向，容易受情绪影响而冲动，不能很好地控制自己的行为，如存在“抓人”“咬人”等特有现象；游戏活动不吸引他们时，会自顾自地脱离集体活动而重新选择自己感兴趣的活动等。这个阶段的幼儿还容易无限夸大对自己的认识，如认为自己可以像超级英雄一样帮助他人等。

5. 能用简单的语言表达自己的感受与需要

小班是幼儿语言发展的飞跃期，他们能基本掌握本地区语言的全部语音，但在实际说话时发音还不够准确。同时，他们的词汇量增加也很快，尤其是名词、动词等实词增长较为迅速且掌握得较好。小班幼儿不仅能用简单的语言与成人、同伴交往，向别人表达自己的感受和需要，还能叙述生活中发生的事，只是在独白时不太流畅，带有很大的情境性。这一年龄阶段的幼儿特别爱听故事，常常缠着父母在空闲时间给他们讲故事，还喜欢一边听一边学故事中小动物有趣的动作和叫声。

（二）中班幼儿的年龄特点

中班幼儿一般是指 4 ～ 5 周岁的幼儿，中班也是幼儿身心发展的重要时期。掌握中班幼儿发展的特点，可以使班级管理收到更大的成效。

1. 更加活泼好动，动作协调性增强

中班幼儿更加活泼好动，积极参加各种活动，反应、动作等比小班幼儿更加灵活，他们喜欢活动手脚、不受限制、自由奔跑。在各种活动中，他们不但可以自如地走、跑、跳、蹦、钻、爬、攀登等，还可以单足站立、抛接球、投掷等。此外，中班幼儿的手指动作也相对比较灵巧，可以熟练地穿脱衣服、扣纽扣、拉拉链、系鞋带，甚至可以较好地完成折纸、串珠、拼插、剪贴等精细动作，动作的协调性增强。

2. 情绪情感趋向稳定，易控制

由于认知能力的提高和情绪体验的积累，中班幼儿的情绪情感得到进一步发展，相对于小班幼儿趋于稳定，虽然他们的行为在一定程度上也容易受情绪的支配，但是所占比例呈现下降的趋势。他们开始尝试着控制自己的情绪，虽然总体上表现出不稳定、不易控制的状态，尤其是无法占有特别感兴趣或喜欢的事物时会受情绪所支配，甚至还会出现情绪失控的情况，但是，大多数中班幼儿在通常情况下都能有效地控制自己的情绪情感。如在幼儿园游戏活动中，当看到自己喜爱的玩具被别的小朋友拿走时，中班幼儿已不像小班幼儿那样吵着要玩具，他们能听从教师的要求和建议，并用语言安慰自己“等他玩完之后我再玩”；当与同伴发生争执或冲突时，他们有时也能控制自己的情绪和行为。

笔记栏

3. 具体形象思维派生，能通过生活经验理解成人的语言

在直觉行动思维的基础上，中班幼儿的具体形象思维开始发展了。他们较少依靠行动来思维，而是以事物的具体形象为支柱。比如，教师向 4～5 岁的幼儿提问 4 加 5 等于几时，他们大多会说不知道，而如果问篮子里有 4 个苹果，再添 5 个苹果一共是几个苹果时，他们通过具体形象思维很容易就能想出答案。

4. 规则意识开始萌芽，辨别能力增强

经过在小班一年的集体生活，中班幼儿具备了一定的综合能力，收获了足够的自信心。他们的规则意识逐渐萌发，能遵守一定的规则，知道洗手要排队、玩具谁先拿到谁先玩、不可以在活动室内大声喧闹等。中班幼儿在成人的帮助下，具有一定的辨别是非的能力，在看见别人的不良现象时，会告诉父母和老师。成人要理解其行为背后的核心问题，耐心引导幼儿通过具体事例学习面对、解决问题。

5. 交往能力增强，开始接受任务

中班幼儿的交往意识和交往能力逐渐增强。他们初步具备了自我控制的能力，如咬人、打人现象比小班时明显减少；他们有了“交朋友”的意识，能用语言表述“你是我的好朋友，他也是我的好朋友，咱们都是好朋友”的交友愿望；他们的积极情感开始发展，如同情心让他们开始体谅同伴等。在与他人交往时，中班幼儿能主动学习并运用文明礼仪用语，如“对不起”“谢谢”等，这些不断积累的经验使他们交往能力得到发展。

（三）大班幼儿的年龄特点

大班幼儿一般是指 5～6 周岁的幼儿，大班是心理形成的关键期。大班幼儿即将进入小学，他们比以前更懂事了，精力更加旺盛，接受能力增强，学习能力也提高了，能较好地控制自己的行为，表现出各自不同的风格和个体差异。

1. 自理能力和劳动能力明显提高

大班幼儿在生活自理方面较以前更加独立了，他们能选择喜欢的、适合自己的衣服，能用筷子吃饭、夹菜，也能自己安静地入睡，不影响别人。大班幼儿已能将劳动与游戏区分开，对劳动持认真态度，关心劳动结果，也能初步理解一些劳动的社会意义。他们喜欢参与成人的劳动，在家里会扫地、擦桌子、整理自己的用品，在幼儿园里会做一些力所能及的种植、喂养、值日劳动等，并在劳动中表现出一定的责任感。

2. 动作灵活，控制能力明显增强

大班幼儿的走路速度基本与成人相同，平衡能力明显增强，不仅可以用比较

复杂的运动技巧进行活动，还能伴随音乐进行律动与舞蹈。他们的手指小肌肉快速发展，已能自如地控制手腕并运用手指活动，如会灵活地使用剪刀、会用橡皮泥等材料捏出各种造型等，以及正确地使用画笔、铅笔进行简单的美工活动。

3. 情感的稳定性和有意性增长

大班幼儿的情感虽然仍会因外界事物的影响而发生变化，但他们情感的稳定性开始增强，大多数幼儿在班上有了相对稳定的好朋友。他们开始能够有意识地控制自己情感的外部表现，如摔痛了能忍着不哭。此时，由社会需要而产生的情感也开始发展，如当自己的表现或作品被忽视时会感到不安，而当让他们照顾比自己小的孩子时会表现得很尽职。

4. 抽象逻辑思维开始萌芽

大班幼儿的思维仍然是具体形象的，但抽象逻辑思维开始萌芽。数学概念发展较快，对事物之间的因果关系、包容关系、类别关系等的认识、分辨等开始形成。比如，对于“柚子比菠萝重，西瓜比柚子重，柚子、菠萝、西瓜哪个最重”这样的问题，不再像中班幼儿一样不假思索地随便“猜出”答案，而是能够通过自己的思考、分析、推理，给出相应的答案。

5. 合作意识逐渐增强

在相互交往中，大班幼儿开始萌发合作意识。他们会选择自己喜欢的玩伴，也能与三五个小朋友一起开展合作性游戏。他们逐渐明白公平的原则和需要，并服从集体约定的意见，也能向其他伙伴介绍、解释游戏规则。如在小舞台表演游戏中，几个小朋友能一起分配角色、道具，能以语言、动作等进行表现，并有一定的合作水平。

6. 规则意识逐步形成

大班幼儿的规则意识逐步形成，他们开始学习控制自己的行为，遵守集体的一些共同规则，如游戏结束了要把玩具整理好放回原处、上课发言要先举手。大班后期的幼儿特别喜欢有规则的游戏，像体育游戏、棋类游戏等。对在活动中违背规则的行为，大班幼儿常常会“群起而攻之”。但这一时期的幼儿对于规则的认识还没有达到自律，规则对他们来说还是外在的，因此，大班幼儿在规则的实践方面还会表现出以自我为中心。

步骤二 任务实训

1. 孩子上幼儿园之后，不少家长常常会陷入忧虑，除了担心孩子每天在幼儿园吃得好不好之外，还特别担心幼儿园的“分班”问题。假如你是一名新生班的班主任，请你策划一次新生家长会，想一想自己可以通过哪些方式与家长沟通，让他们对孩子所分的班级放心，帮助家长和幼儿顺利渡过入园、入班的难关。

◎家长会策划方案：

2. 试对大班幼儿的年龄特点进行分析，谈谈如何对这个年龄段的幼儿实施教育策略，在小组内交流、评议。

◎大班幼儿的年龄特点：

◎教育策略：

◎小组总结：

3. 根据本任务所学，请以“幼儿园班级管理”为主题，开展演讲赛，通过比赛加深知识的内化。

◎演讲稿大纲及关键词：

◎运用了本任务哪些知识？查阅了哪些资料？

步骤三 思考提升

1. 幼儿园班级的基本结构包含哪几个方面的内容？

2. 结合所学内容，谈谈你对“幼儿是班级的主体”这句话的理解。

3. 作为一名幼儿教师，自身应具备哪些基本的职业素养？

4. 深入当地幼托机构，与教师交谈，了解幼儿园班级教师的基本设置，谈一谈你对幼儿园班级教师基本配置的认识和理解。

步骤四 任务评价

序号	评价要点	评价依据	分值范围	教师评分
1	对幼儿园班级的概念、特点、功能等内容的掌握情况	要求学生针对所应掌握的相关内容形成文字材料，提交给教师作为评分依据	0~10 分	
2	对幼儿园教师的职业要求、基本配置、选拔及工作职责等内容的掌握情况		0~15 分	
3	对幼儿园小班、中班、大班幼儿年龄特点的掌握情况		0~15 分	
4	学生课前准备及课堂表现情况	1. 课前准备材料需提交给教师作为评分依据 2. 教师根据学生在课堂上的表现或个人突出表现进行评分	0~20 分	
5	在“任务实训”环节的表现情况	1. 依据实训中的个人表现评分 2. 依据实训中文字材料的丰富性评分 3. 依据实训优异程度评分	0~20 分	
6	“思考提升”的完成度	1. 依据文字材料评分 2. 依据完成优异情况评分	0~20 分	
得分（总成绩 100 分）				
教师评语				

笔记栏

任务二 构建幼儿园班级管理体系

任务背景

班级是幼儿园的基层组织，是实施幼儿园保教任务的基本单位，其管理水平对促进幼儿发展以及完成教育和教学的各项任务起着举足轻重的作用。幼儿园班级管理包括哪些方面的工作、具体是如何开展的、在实施过程中应坚持哪些原则、有哪些应对方法，这些都是值得我们认真思考的。下面，就让我们一起学习构建幼儿园班级管理体系，为以后具体工作的开展打下坚实的基础。

任务目标

1. 了解幼儿园班级管理的具体内容。
2. 了解幼儿园班级管理的过程。
3. 掌握幼儿园班级管理的原则与方法。

任务准备

幼儿园班级资料、活动照片。

任务实施

步骤一 知识梳理

一、幼儿园班级管理的内容

幼儿园班级是幼儿园中的一个微小体系，幼儿的一日生活都是在这个微小体系中进行的。幼儿园的基本任务是通过班级这个基层机构来完成的，因此幼儿园的班级和班级管理都至关重要。

幼儿园班级管理是指班级中的保教人员通过计划、组织、实施、总结等环节，充分利用幼儿园的人、财、物、时间、空间、信息等资源，采用适当的方法以达到高效率保育和教育的目的，使幼儿获得全面健康发展的管理活动。

具体来说，幼儿园班级管理的内容包括以下几个方面。

笔记栏

（一）生活管理

建立良好班级常规的重要性

幼儿园班级生活管理是为了保证幼儿的身体正常发育、心理健康成长，保教人员围绕幼儿在幼儿园内的起居、饮食等生活方面的需要而从事的管理工作。

1. 学期初工作

主要有：制作填写幼儿名册、家庭情况登记表，初步了解幼儿生活习惯，布置活动室家具、设施，制订班级生活管理计划与措施，等等。

2. 学期中工作

主要有：根据幼儿一日生活程序履行生活管理的职责，做好幼儿来园、离园记录，保管好幼儿生活用品并做好活动场地的清洁、消毒工作和安全检查，观察记录幼儿生活行为，做好对体弱幼儿的生活护理，等等。

3. 学期末工作

主要有：汇总幼儿平日生活表现，总结班级幼儿生活管理情况，向家长发放幼儿在园生活情况小结，对活动室内外环境及物品进行整理登记，等等。

（二）教育管理

幼儿园班级教育管理是班级保教人员最日常和最基本的管理工作，具体是由班级保教人员在主班教师带领下对幼儿进行调查研究，精心设计组织教育过程，对教育结果进行细致评估。

1. 学期初工作

主要有：对班级幼儿发展水平进行初步评估，制订详细的幼儿教育计划，布置好班级教育教学环境，制定各项教育活动的组织形式和基本常规，建立班级教育活动的运转机制，征集或领取教育活动所需材料、工具等。

2. 学期中工作

主要有：研究班级教育工作的具体内容和措施，制订每月（周、日）教育教学计划，做好个别幼儿教育的计划与修订措施，根据教育内容适当调整活动室安排及教具、学具材料的搜集与制作，将幼儿的表现及时记录在册，撰写教育活动记录或心得等。

3. 学期末工作

主要有：整理教育活动方案、教育笔记和幼儿作品档案，做好幼儿全学期的评估工作，总结个人教育目标的实现、教育方法的运用情况，清点登记教育活动的剩余材料等。

笔记栏

（三）其他方面的管理

幼儿园班级管理除了着重进行生活和教育管理外，还有许多与之相关的其他管理，比如，家园交流管理、班级间交流管理、幼儿社区活动管理等。这些管理工作或弥补生活、教育管理的不足，或加强生活、教育管理的效果，也是幼儿园班级常规管理的重要组成部分。若缺少这些工作，生活管理和教育管理则是不完全的，班级管理将无法高效进行。

二、幼儿园班级管理的过程

管理过程，是动态中的管理系统，是一个运动过程。幼儿园班级管理过程是指主班教师充分利用教育机制，在班级管理原则指导之下，协调和控制幼儿园的人、财、物、时间、空间、信息等资源之间的关系，使班级系统达到最优状态，进而为实现班级预定工作目标所进行的一系列活动程序。

幼儿园班级管理的过程，通常由制订计划、组织实施、总结评价三个环节构成。

（一）制订幼儿园班级工作计划

1. 班级基本情况分析

班级基本情况分析主要包括两个方面的内容：一是简明扼要地阐述上个学期班级工作的成绩和不足；二是对班级当前基本情况进行分析，主要包括幼儿年龄及身心发展的变化与特点、班级组织情况、教师情况、幼儿园条件等。

2. 学期工作主要目标

班级工作目标是班级工作最终得到的结果。主要目标可以分为幼儿生活管理、教育管理、家长工作和其他管理工作的各项任务目标。在撰写各项目标时，要求重点突出、文字简单明了、表述科学准确，切忌照抄照搬园务管理计划或其他园的班级计划。

3. 具体要求和措施

为了保证实现班级目标，班级工作计划要根据每一项任务目标提出具体要求和实现目标所要采取的措施。每项任务目标可以对应一项措施，也可对应多项措施。措施要具体明确、操作方便、切实可行、落实到人，确保各项目标的达成。

4. 时间进度安排

时间进度安排是班级管理工作的“行事历”，是将工作目标、基本措施等具体内容，分解安排到班级管理阶段的各个时间点上，确保完成的时间。

笔记栏

（二）幼儿园班级工作的组织与实施

1. 教师之间职责分工明确

目前，多数幼儿园教师的分工呈现以下两种情况：一种是每班配两名教师，一名保育员；另一种是每班配两名教师，两班合用一名保育员。《幼儿园工作规程》明确规定了教师与保育员的职责。在一天的工作时间段内，三位教师要分工明确，各司其职，相互配合，相互支持，为做好班级管理工作而共同努力。

2. 依据需要科学划分幼儿小组

对幼儿进行分组教学有利于教师有针对性地对幼儿进行指导，也有利于幼儿之间的交流、合作。对于幼儿分组应注意以下几点。

（1）合理搭配，优势互补

首先，要进行男女性别的搭配。男孩与女孩各有所长，在一起可以优势互补，互相影响，促进成长。其次，要进行发展快慢的搭配。幼儿模仿能力很强，每组适当地配上一两个发展较快的幼儿，在他们的带领和帮助下，使发展相对较慢的幼儿受到积极的暗示和影响。

（2）适时激励，强化养成

中班以后，依据班级的分组情况，教师可以考虑在适当的时候设立小组长。小组长的职责是帮助教师管理小组，为小组成员发放餐具、收拾学具和操作材料等。刚开始时，小组长由教师指定，并加以指导，当每个幼儿基本熟悉值日生的工作内容后，可以由小组成员轮流担当，鼓励幼儿做力所能及的事情。对幼儿的尝试与努力给予肯定，对幼儿良好表现的激励有助于促进其良好行为习惯的形成。

（3）适时调整，定期更换

幼儿的分组情况并非一成不变，而应适时调整、定期更换。一方面，定期更换小组活动的位置，因为幼儿的视觉器官尚未发育成熟，不当的采光、视角，可能会引起幼儿近视。幼儿的座位应每周换一次，可以前后调换，也可左右调换。另一方面，根据活动的需要适时调整位置，这样不仅有利于活动的开展，也有利于幼儿之间进行更多的交流。

3. 合理规划幼儿活动空间

幼儿班级活动的空间主要包括户外活动场地、活动室、寝室、走廊等。只有对班级活动空间进行合理搭配利用，才能最大限度地发挥它的效益，实现教育意义。在班级空间规划上，应注意以下几点：

第一，根据季节、天气的变化，选择合适的时间和空间。如夏天选择阴凉

笔记栏

的地方，冬天选择有阳光的地方，雨雪天气利用过道、走廊等。第二，合理规划活动空间。如区域数量充足、空间大小适宜，考虑采光、墙面、卫生等；动区和静区分离，开放与私密隔开等，材料需摆放整齐、有序。第三，科学利用闲置空间。如寝室除了每天供幼儿睡眠外，还可以考虑游戏时间在寝室设置阅读区、娃娃家等；还可以在走廊设置表演区、角色区、建筑区、作品展览区等。

4. 合理安排幼儿在园时间

（1）科学规划幼儿一学期的时间

一般在新学期开始，教师要制订相应的班级学期计划，安排好本学期幼儿在园各项活动的时间。由于幼儿身心发展及环境适应能力的不同，幼儿园大班、中班、小班的班级学期计划也应该有所区别。如新入园的小班幼儿，适应幼儿园新环境的时间较长，教师可在 9 月份多安排一些户外游戏的时间，10 月份可逐步增加室内活动时间，并注意选择合适的内容，有目的地组织活动，帮助幼儿尽快适应幼儿园的新环境、新生活。中班、大班幼儿开学适应期相对较短，教育活动的时间相对较长。

（2）合理安排幼儿一周活动时间

一周活动安排即周计划，主要包括本周的教学活动、游戏活动、生活活动、家园活动等方面。

（3）恰当安排幼儿在园一日活动

《幼儿园工作规程》第二十六条规定：“幼儿一日活动的组织应动静交替，注重幼儿的直接感知、实际操作和亲身体验，保证幼儿愉快的、有益的自由活动。”因此，班级幼儿一日活动在空间和形式上要做到动静交替、室内外交替、集体活动与自由活动交替等。另外，在活动内容上要注意教育活动与生活活动、游戏活动的结合，预设性活动和生成性活动的兼顾，教师主导的活动与幼儿自发、自选活动的协调等。

5. 及时检查、调整工作的进程

班级管理的组织与实施环节离不开对各项工作计划落实情况的检查与调整。检查与调整虽然是班级管理过程中的一个基本环节，但它始终渗透在组织实施的过程中，它是对组织实施阶段各种信息的反馈和修正，这对幼儿园班级管理工作目标的达成具有非常重要的意义。

笔记栏

资料链接

幼儿园班级工作的总结与评价

一、幼儿园班级工作的总结

1. 班级工作计划完成情况

总结班级管理计划确定的目标中，有哪些完成了，有哪些目标离完成还有差距，并分析没完成的原因。一般从工作量、计划的难度、工作人员的能力水平和协作能力等方面分析没有完成预期目标的原因。

2. 班级保教工作情况分析

（1）幼儿健康状况

包括幼儿一学期的出勤、发病率以及定期体检状况等。

（2）教育工作情况

教师方面主要包括各项教育活动计划完成情况、教育活动开展情况。幼儿方面包括幼儿在各项活动中取得的进步和良好行为习惯的养成状况等，也包括个别幼儿的特殊状况等。

（3）班级家长工作

包括与家长配合的情况，家长会、家长开放日、亲子活动开展的次数和质量，对家园联系册、家长委员会中家长意见的分析和处理等。

3. 班级工作不足及改进措施

除了以上几项内容外，还应对班级管理工作中的不足和缺点进行总结，指出今后工作的重点以及准备采取的措施，为下一阶段班级管理计划的制订提供方向和依据。

二、幼儿园班级工作的评价

班级工作的评价主要是围绕着班级管理的各项内容展开的，主要包括：对班级工作人员的评价，如保教人员的工作态度、保教能力、敬业精神、完成工作任务等方面的评价；对班级卫生工作的评价，如班级幼儿卫生管理情况、班级环境卫生状况、班级消毒工作等；对班级安全工作的评价，如班级幼儿药品的管理情况、班级幼儿接送卡的使用情况、班级幼儿事故的发生率等；对班级环境创设的评价，如班级墙面环境的布置、班级区角环境的创设、班级空间环境的设计等。另外，还包括班级幼儿常规培养评价、班级课程管理评价、班级家长工作评价等。

笔记栏

三、幼儿园班级管理的原则与方法

（一）幼儿园班级管理的原则

幼儿园班级管理的原则是幼儿教师进行班级管理时必须遵守的基本行为准则，是结合幼儿园班级管理的特点，在班级管理过程中的经验总结和概括。它反映了幼儿园班级管理的基本规律，对幼儿教师管理班级具有指导意义。

班级管理应具备的基本技巧

在幼儿园班级管理过程中需要遵循以下原则。

1. 主体性原则

在班级活动中，教师是幼儿园班级管理的主体，幼儿是学习活动和游戏活动的主体，两者的主体地位都需要得到保障。基于此，主体性原则暗含两层意义：一层是指带班教师作为管理者，具有积极、自主、高效地开展班级管理活动的权利和职责；另一层是指幼儿作为学习者，具有满足自身发展需要和兴趣的权利与需求。

贯彻这一原则要注意以下两点。

（1）发挥教师主体性

在班级管理中，幼儿园要明确幼儿教师对班级管理的职责和权利，引导作为班级管理主体的教师充分投入到班级管理工作中，提高班级管理成效；应积极营造宽松的人文管理环境，鼓励教师在班级管理过程中体现创造性、主体性，支持教师在班级管理中提出新举措，鼓励多种形式的创新。

（2）尊重幼儿主体性

在班级活动中，教师应尊重幼儿个体差异，尊重每一位幼儿提出的问题和答案，在活动中创设自由、轻松的氛围，以引导为主，引导幼儿自己说，培养幼儿的开放性思维。教师应通过让幼儿自由地想象、探索、思考、回答，帮助幼儿理清思路，与幼儿共同总结，使幼儿的主体性得到充分发挥。“值日生”“小老师”等形式就是教师将幼儿融入班级管理过程，使其成为班级管理主体的重要体现。

2. 整体性原则

整体性原则是指班级管理应面向全体幼儿，涉及班内所有管理要素并注重班集体的整体影响。遵循整体性原则可保证班级中全体幼儿的共同发展，确保班级中各种管理要素的充分利用。

贯彻这一原则要注意以下两点。

笔记栏

（1）注重教师和幼儿两方面的管理

把教师和全班幼儿作为一个系统和整体来对待，在教育过程中，注意途径与手段的全面性，注意多种教育内容的有机结合，发挥教育的整体效能。

（2）注重协调班级管理中的各种影响因素

班级工作是全方位的，各种影响因素相互联系、相互制约。协调班级中的多种管理要素，使班级管理资源的配置尽可能科学、合理，以减少矛盾和冲突，进而有效地促进幼儿的发展。

3. 高效性原则

管理的根本目的是提高效益，而班级管理的高效性原则是指以最经济的人力、物力和时间等投入，使幼儿获得更全面、健康的发展。如何使班级内的有限资源发挥最大功效、提高班级管理的效益，是班级管理者必须考虑的。

贯彻这一原则要注意以下两点。

（1）有效利用班级资源

班级要建立健全以岗位责任制为核心的各项规章制度，做到定岗定员，责任到人，通过合理组织、有效运用有限的教育资源，提高管理的功能效益，提高保教质量，促进幼儿德、智、体、美全面和谐发展。

（2）增强时间观念，提高时间的利用率

幼儿教师大部分工作时间都是和幼儿在一起，很少有整块的时间来处理各项事务，因而利用零碎时间显得极为重要。利用零碎时间有助于完成工作于无形之中，提高时间的利用率。

4. 个性化原则

个性化原则是指在班级管理过程中要根据幼儿的年龄特征、个性特点和实际状况，开展针对性、个性化的管理。不同幼儿由于生理、心理发展水平不同，思维、自我意识、情感、意志、行为以及个性的发展均有不同，班级管理必须依据幼儿的个性化特点因材施教，才能收到更好的管理效果。

小淘气变成了小骨干

贯彻这一原则要注意以下两点。

（1）班级管理的方法要适合幼儿的年龄特点

各个年龄阶段幼儿的身心发展各有特点，教师要研究、掌握这些特点，从而使班级管理的要求、内容更具针对性。

（2）针对幼儿的个性特点进行教育

教师要区别对待，针对每名幼儿的个性特点和实际情况提出要求，运用恰当的方法，开展有针对性的教育。

笔记栏

（二）幼儿园班级管理的方法

1. 规则引导法

规则引导法是指用规则引导幼儿行为，使其与集体活动的方向和要求保持一致，或确保幼儿自身安全并不危及他人的一种管理方法。规则引导法是对班级幼儿最直接、最常用的管理方法。

小标志大作用

在幼儿园班级管理中，规则引导法是最常见、使用最频繁的一种管理方法。规则主要是指幼儿与幼儿、幼儿与保教人员、幼儿与环境、幼儿与材料之间互动的关系准则。规则的建立是确保幼儿常规秩序、常规习惯建立的基础。如玩具使用完毕应放在哪里，衣服应该如何叠，自己的衣物应该放在哪里。在班级中，幼儿只有遵守活动规则，活动才能顺利进行。

班级公约助幼儿学会自主管理

在使用这一方法过程中，应注意以下几点：

（1）规则的内容要符合幼儿的成长需求，应具体、形象且简单易行。

（2）教师要给幼儿提供认识规则、学习规则的机会，使幼儿在活动中掌握规则。

（3）教师要以身作则，并保持规则的一致性。只有保持规则的一致性，幼儿才能遵守规则，使规则真正成为幼儿行为的准绳。

2. 情感沟通法

情感沟通法是指通过激发和利用师生间或幼儿间及幼儿对环境的情感，以引导或影响幼儿行为的方法。一名优秀的教师必然是喜欢孩子、愿意和孩子沟通的，在和孩子情感交流的过程中，教师可以发现孩子独特的内心世界，更加了解班级中的每一个孩子。

情感沟通法的基础是教师对幼儿的理解和爱。在使用这一方法过程中，应注意以下几点：

（1）教师在日常生活和教育活动中，要了解幼儿的情感特点，观察幼儿的情感表现。

（2）教师要经常对幼儿进行情感表达的训练，帮助幼儿正确表达自己的情感，如教师引导幼儿通过“孕妈妈体验”活动，体验妈妈的不易与辛劳，学会感恩。

（3）教师要保持和蔼可亲的个人形象，营造相亲相爱的班级氛围。

笔记栏

3. 榜样激励法

榜样激励法是指通过树立榜样并引导幼儿学习榜样以规范自身行为，从而达到管理目的的方法。

皮亚杰在儿童心理发展理论中提出，幼儿期的儿童容易受他人的暗示，特别爱模仿。在幼儿园班级管理中，教师可以将幼儿“爱模仿”这一心理特点运用到榜样激励法中，帮助幼儿建立积极的价值取向，展开积极的自我评价。

榜样可以是幼儿生活中的小伙伴，也可以是以成人为榜样（其前提是成人必须以身作则，为孩子树立一个正面榜样，这样才能收到好的教育效果），还可以是动画片、童话故事里的主人翁。只要这些人物在幼儿生活中实实在在地产生着影响，且行为是积极向上的，都可以成为幼儿学习的榜样。

在使用这一方法过程中，应注意以下几点：

（1）榜样的选择要健康、形象、具体，教师要选择具有代表性的榜样。

（2）榜样的树立要公正、可靠、有权威性，在班集体中树立的榜样应该是教师和幼儿共同认可的，榜样的行为是值得褒奖的。

（3）对幼儿表现榜样行为的反应要及时、积极，当幼儿在学习榜样并做出良好的行为时，教师应及时、适当地给予表扬和鼓励，强化幼儿的积极行为；反之，教师要及时纠正幼儿的不当行为，提供有影响力的榜样。

4. 目标指引法

目标指引法是指教师以行为结果作为目标，引导幼儿的行为方向，规范幼儿行为方式的一种管理方法。教师从行为的预期结果出发，引导幼儿自觉识别行为正误是目标指引法的基本特点。如幼儿园运动会上，各个小组目标明确，分工合作，培养团队意识。

班级里的小管家

在使用这一方法过程中，应注意以下几点：

（1）目标要明确、具体。

（2）目标要切实可行，具有吸引力。

（3）目标与行为的联系要清晰可见。

（4）要注意个人目标和团体目标，并将这两类目标相结合。

5. 说服教育法

说服教育法是指在班级管理过程中，幼儿教师通过讲解、谈话、讨论等方式向幼儿讲解一些简单的道理，帮助幼儿分清是非、辨别好坏，使幼儿具有正确的道德观念，并能用这些道德观念来指导自己行动的一种方法。说服教育的

笔记栏

方式包括运用语言（如讲解、谈话、讨论、指导阅读）和事实（如参观、游览）。

在使用这一方法过程中，应注意以下几点：

（1）要有针对性，必须先了解幼儿的情况，从幼儿的实际出发，注意幼儿的个性特点，针对要解决的问题，有的放矢地启发教育幼儿。

（2）要有感染力，选用的内容和表述的方式力求生动、有趣，能够唤起幼儿情感上的共鸣，实现教育目的。

（3）把握教育时机，只有在恰当的时机开展恰当的说服教育才容易被幼儿所接受。

（4）注意教育民主，尊重幼儿，鼓励幼儿发表不同意见，通过讨论争辩，提高思想认识。幼儿园班级管理是一门艺术，精细而又烦琐，班级教师要具备管理者的意识，在每日的工作中学习、总结、反思，灵活应用多种管理方法，努力胜任管理工作，提升管理智慧。

步骤二　任务实训

1. 请举例说明在班级一日活动中，教师如何运用榜样激励法。

◎案例 1：

◎案例 2：

◎案例 3:

◎案例 4：

◎案例 5：

2. 案例分析。

早晨迎接孩子们入园时，小陆老师看到甜甜便面带笑容地迎了上去，热情地说“早上好”，甜甜也很开心地回答“老师早上好”，与老师拥抱后才进入教室。

待小陆老师进入教室之后，甜甜跑到她的身边，开心地指着自己的衣服说：“老师，这是妈妈给我买的新裙子！”说完之后还原地转了起来。看到甜甜开心的模样，小陆老师赞叹道：“甜甜今天可真美，像个小仙女！”听到老师的赞赏，甜甜很开心地跑过去继续游戏了。

这时，小雨从教室后面绕到了小陆老师身边，并伸出手拽了拽老师的衣服。小陆老师回过头关切地问：“小雨，怎么了？”小雨乐呵呵地说：“我就是想摸摸你。”听到孩子的心声，小陆老师蹲下身来，将身体向小雨的方向倾斜，笑眯眯地说：“这样摸起来是不是更方便啦！”

（1）请问该案例体现了幼儿园班级管理的哪种方法？幼儿教师在运用该方法时应注意哪些问题？

（2）请结合本案例和所学知识，谈一谈如何更好地做好幼儿园班级管理工作。

步骤三 思考提升

1. 结合班级管理内容，谈一谈自己的理解与认识。

2. 深入当地幼托机构，观察幼儿教师的一日管理，并整理出幼儿园班级管理的过程。

步骤四 任务评价

序号	评价要点	评分依据	分值范围	教师评分
1	对幼儿园班级管理内容的掌握情况	要求学生针对所应掌握的相关内容形成文字材料，提交给教师作为评分依据	0~10 分	
2	是否掌握幼儿园班级管理的过程		0~15 分	
3	是否掌握幼儿园管理的相关原则与方法		0~15 分	
4	学生课前准备及课堂表现情况	1. 课前准备材料需提交给教师作为评分依据 2. 教师根据学生在课堂上的表现或个人突出表现进行评分	0~20 分	
5	在“任务实训”环节的表现情况	1. 依据实训中的个人表现评分 2. 依据实训中文字材料的丰富性评分 3. 依据实训优异程度评分	0~20 分	
6	“思考提升”的完成度	1. 依据文字材料评分 2. 依据完成优异情况评分	0~20 分	
得分（总成绩 100 分）				
教师评语				

项目二 班级开学工作管理

古为今用

古文：

落红不是无情物，化作春泥更护花。

——〔清〕龚自珍《己亥杂诗》

今用：

“落红不是无情物，化作春泥更护花”的意思是落花纷纷绝不是无情飘洒，为的是化作春泥培育出更多的新花。诗人用移情于物的手法，借落花翻出新意，落花生命是终止了，但当它化作春泥，就能保护、滋养出新的花枝，它的生命就在下一代群体身上得以延续，抒发了积极向上的人生态度。

班级管理工作从幼儿入园之初，就已经开始了。无论是新生入园适应问题，还是制订班级工作计划，对幼儿老师来说，都需要用心准备、精心布局。只有做好班级开学的准备工作，才能游刃有余地应对新学期的保教工作，做到事事有依据、管理有章法。通过本项目的学习，学生可以了解幼儿园新生建档、家访、新生家长会的内容、工作流程、注意事项，以及幼儿园班级学期工作计划、教学月计划和周计划、一日常规工作计划等方面的基础知识，掌握幼儿入园不适的调节方法，能够组织新生家长会和亲子活动，具备针对幼儿不适应表现进行有效疏导的能力。新生入园保教工作繁而杂，因此要求幼儿教师具备呵护“春泥”的综合素质，用爱心、耐心引导“春泥”在幼儿园身心健康地成长。

学习目标

1. 知识目标：熟悉幼儿园新生的身心发展特点，了解新生建档、家访、新生家长会的内容、工作流程及注意事项；了解和分析幼儿园班级学期工作计划、教学月计划和周计划及一日常规工作计划。

2. 技能目标：能够组织新生家长会和亲子活动，具有针对幼儿不适应表现进行有效疏导的能力；制订幼儿园班级学期工作计划、教学月计划和周计划及一日常规工作计划。

3. 素质目标：具备幼儿园班级管理工作必需的心理素质及规划意识，养成细致的工作作风。

4. 思政目标：树立“以生为本”的意识，热爱幼儿和幼教事业。

学习建议

好的开始是成功的一半。开学工作管理千头万绪，教师应提示学生提前熟知学校工作方案，精准摸排学情信息，掌握应急处置流程，在班级开学准备工作中做到事事有依据、管理有章法。在任务实训中要有针对性地思考，注重学做结合，做到带着问题学、结合工作学、联系思想学。

思维导图

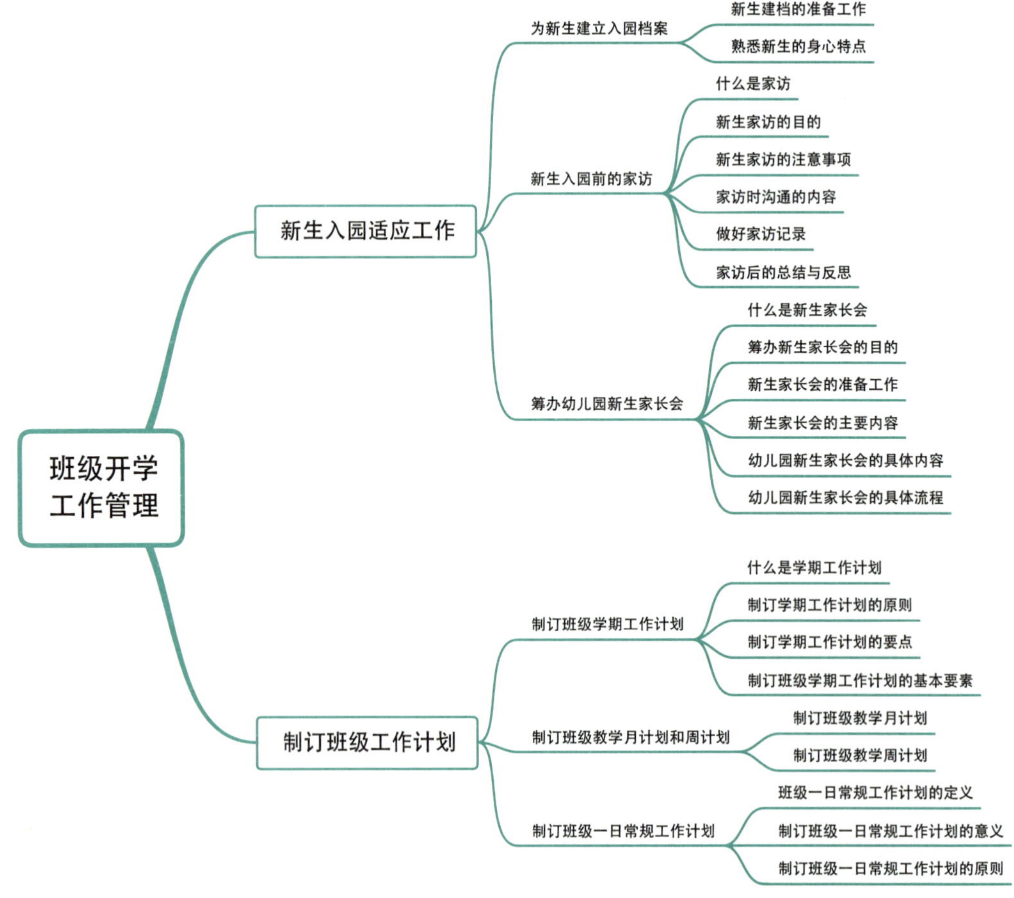

笔记栏

任务一 新生入园适应工作

任务背景

新生入园是小班班级管理的第一件大事。幼儿离开父母进入幼儿园，意味着他们将离开自己熟悉的家庭环境，来到陌生的幼儿园班级，是其从家庭迈向社会的第一步。小班新生平均年龄在3岁左右，绝大部分自理能力较弱，依恋情绪明显，分离焦虑严重。因此，在开学季，幼儿园的角落里总能听到孩子的哭闹声。如何帮助他们尽快地适应幼儿园集体生活，是幼儿教师开学工作中首先需要解决的问题。

新生入园为什么会有焦虑

任务目标

1. 了解即将入园新生的身心特点，能够为新生建立入园档案。
2. 掌握新生家长会及新生家访工作的指导要点，会制订相应的活动方案。
3. 掌握与家长沟通的技巧，正确对待新入园幼儿的分离焦虑。

任务准备

幼儿园新生入园资料、教育案例、现场照片或视频。

任务实施

步骤一 知识梳理

一、为新生建立入园档案

（一）新生建档的准备工作

新生入园档案是指幼儿教师有目的地收集能够反映新生情况、用以评价新生发展和为班级管理提供依据的相关材料。教师要在了解基本情况的基础上为新生建立入园档案，主要包括新生入园登记表和新生入园花名册等。

制作幼儿成长手册

笔记栏

1. 设计新生入园登记表

新生入园登记表应包含以下几个要素：幼儿的基本信息、家长的基本信息、幼儿的健康状况、幼儿的生活状况、幼儿的特殊情况报告等。教师设计好新生入园登记表，请家长详细填写，以便准确地掌握幼儿的基本情况。

2. 设计新生入园花名册

新生入园花名册通常包含班级名称、教师和保育员信息、幼儿常用信息等。幼儿教师可以根据新生入园花名册，熟悉孩子的基本信息。幼儿接触新的老师难免有不安全感，如果教师能用亲切的口吻呼唤出幼儿的名字或乳名，对稳定幼儿的情绪、获取幼儿的认可有很大的帮助。

（二）熟悉新生的身心特点

1. 身体发展

不同的年龄阶段存在身心等各个不同方面发展的关键期和敏感期。学前期是个体身心的第一次高速发展期，青春期是个体身心的第二次高速发展期。仅以身体发展而言，3 岁幼儿可以四处活动，走得比较稳，会跑，可以绕过障碍物，可以抓住扶手或者成人的手上下楼梯；喜欢有动作的游戏和歌曲，会随着自己会唱的、有动作的歌曲表现其中一些动作；会更多地使用手指和手，能够轻松地拿起小东西并摆弄它们，喜欢把玩具拼在一起再拆开，可以将几块积木搭成高塔，会使用蜡笔或马克笔四处乱画。

新生入园两不宜

2. 认知发展

（1）感知觉的发展

①视觉：主要表现为视力发展和辨色力发展两个方面。新生儿视觉系统（眼睛和视神经系统）没有发育完善，视力比较模糊。视觉敏锐度即指眼睛精确地分辨细小物体或远距离物体的细微部分的能力。随着年龄的增加，幼儿的视觉敏锐度不断提高。3 岁以后，幼儿喜欢看图书，用眼睛看近距离和细小物体的机会不断增加，能够学会分清各种基本颜色，如红、绿、黄、蓝、黑等。对于色调相近的颜色，如红和粉红、黄和橘黄等易混淆。

②听觉：听觉是个体对声波刺激的物理特性的感觉，一般包括言语听觉、音乐听觉、噪音听觉。心理学实验研究结果表明胎儿便有了听觉，到 3 岁基本发育完成。总体上来讲，个体听觉敏感性随年龄的增长而增长，个体间的差异逐渐减小，到了十二三岁时稳定，而在成年之后又有所降低。

③空间知觉：空间知觉指对客体的空间位置、空间特性和空间关系的知觉。

笔记栏

主要表现在方位知觉、形状知觉、大小知觉和深度知觉等。方位知觉是对自身或物体所处方向的知觉，主要表现在对上、下、左、右、前、后、东、西、南、北的辨别。3 岁儿童能辨别上下，4 岁辨别前后，5 岁开始以自身为中心辨别左右。形状知觉是对物体几何形体的知觉，依靠运动觉和视觉的协同活动。心理学实验结果证实了一般幼儿掌握形状的顺序，由易到难依次是：圆形、正方形、三角形、长方形、半圆形、梯形、菱形、平行四边形、椭圆形。大小知觉是头脑对物体的长度、面积、体积在量方面变化的反应。2.5 ～ 3 岁的幼儿已经可以按照成人的语言去分辨不同物体的大小，精确度有所提高，这一时期是幼儿判别平面图形大小能力急剧发展的阶段；幼儿判断大小的能力还表现在判断的策略上，4 ～ 5 岁的孩子会更多地采用触觉和视觉去分辨物体的大小，而 6 ～ 7 岁的孩子仅仅使用视觉就能判断不同物体的大小。

时间知觉是对客观现象的延续性、顺序性和速度的反映。幼儿初期：具有初步的时间概念，往往与其具体的生活活动联系在一起；生活和作息制度起着重要作用；只理解现在，不理解过去和将来。幼儿中期：可以理解昨天、今天、明天，会运用时间词汇，但对前天不理解；对时间单元的理解和知觉趋势为由中间向两端，由近及远。幼儿晚期：基本能理解时间概念，但是很难分清更短或更远的时间观念。7 ～ 8 岁是时间知觉迅速发展的时期。

④观察力：观察是知觉的高级形式，观察的全过程都和注意、思维等心理活动紧密相连。幼儿只是停留在表面肤浅的观察，还不会按目的去观察，且观察目的会随着观察过程发生转移，观察兴趣常常会替代成人要求的观察目的。3 岁幼儿持续观察的时间很短，只有 6 ～ 7 分钟，甚至更短。观察的事物常常是零碎的，不会概括和联系所观察的事物。观察时常常用手指帮忙，指着图片和物体进行观察。

（2）注意的发展

注意是学前儿童完成各项活动必要的心理条件，其发展水平直接影响儿童的认知、社会、情感等各个方面的发展。注意具有以下三种功能：选择功能、保持功能、调节和监督功能。根据产生和保持注意时有无目的以及意志努力程度的不同，注意可分为无意注意、有意注意和有意后注意。

①无意注意和有意注意：无意注意也叫不随意注意，它既无预定目的，也不需要意志努力。有意注意是指有预定目的，需要一定意志努力的注意，是注意的一种积极、主动的形式。它服从于一定的活动任务，并受人的意识的自觉调节和支配。无意注意和有意注意在实践活动中是紧密联系的。无意注意在一定

笔记栏

条件下可以转化为有意注意。

在整个学前期，幼儿的无意注意都占优势地位，3 岁开始幼儿的有意注意开始发展。心理学研究结果发现小班幼儿的有意注意水平很低，一般只能集中注意 3～5 分钟；中班幼儿的有意注意有了一定的发展，注意的时间可达 10 分钟；大班幼儿的注意维持时间可长达 15 分钟。

②注意的转移和分配：注意的转移是指根据新的任务，主动地把注意从一个对象转移到另一个对象。注意的分配是指在同一时间内把注意指向两种或两种以上的对象或活动。3 岁幼儿的注意转移、分配能力都很弱，表现在观察图片时仅能注意其主要的、鲜明的部分而忽视其他部分；在做律动时，只能听着声音双手上下挥动或双脚小跑步，而不能将身体各个部分的运动有机地结合起来。

（3）记忆的发展

记忆是整个心理活动的基本条件。记忆是个体生存与发展的必要条件，也是个体学习的重要条件。人脑中对过去经验的保留和恢复的过程就是记忆。根据目的、意志努力分类，记忆可分为无意记忆和有意记忆；根据材料性质、理解程度分类，记忆可分为机械记忆和意义记忆；根据记忆的内容分类，记忆可分为形象记忆、语词记忆、运动记忆和情绪记忆。3 岁幼儿主要以无意记忆为主，有意记忆逐渐发展；幼儿会较多地运用机械记忆，但意义记忆效果会更好，幼儿的机械记忆和意义记忆都在不断发展；幼儿的形象记忆占优势，语词记忆逐渐发展。对于幼儿而言，感兴趣的、生动强烈的事情更容易记住。

（4）思维的发展

思维是人脑对客观事物的间接的、概括的反映。它是人类所具有的高级认识活动，包括概念形成、判断和推理。它是一种以感知觉、表象、语言等为基础的高级认知过程，是智能的核心，是获得新知识的必经途径。学前儿童思维发展的总趋势是直觉行动思维在先，具体形象思维随后，抽象逻辑思维最后。3 岁以前幼儿的思维主要是直觉行动思维，他们的思维和动作、行为紧密联系，一旦动作停止或转移，其思维活动也随之停止或转移。3 岁幼儿的思维仍带有很大的直觉行动性，但他们已经开始借助事物的具体形象或表象来进行思维活动，即由直觉行动思维向具体形象思维发展。

（5）想象的发展

想象是对头脑中已有的表象进行加工改造，使原有表象重新组合成为新形象的过程。想象的产生需要两个最基本的条件：第一，头脑中要有相当数量的、具有稳定性的表象贮存作为想象活动的对象，即加工材料；第二，要有运用内部

笔记栏

的智力动作对已有表象进行加工改造的能力。幼儿初生时并不具备想象的能力，想象是发展到一定阶段的产物。一般而言，幼儿在 1 ～ 2 岁开始出现想象。幼儿的想象根据不同的标准可以划分为不同种类。根据想象时有无目的性和自觉性，可以将想象分为无意想象和有意想象。

有意想象在幼儿期开始萌芽，幼儿晚期有了比较明显的表现，具体表现为：开始在活动中出现有目的、有主题的想象；想象的主题逐渐稳定；为了实现主题能够克服一定的困难。但是总的来说，6 岁前儿童有意想象的水平还很低。学前儿童想象的一个突出特点就是喜欢夸张。

3. 社会性发展

（1）语言的发展

语言是以词为基础，以语法为构造规则的一种社会约定俗成的符号系统。

正常情况下，幼儿已学会讲话，但不能正确地发出全部语音，因为他们的发音器官和听觉发育并不十分完善，还不能辨别差别较小的音，不善于协调使用发音方法，所以存在发音不清楚的情况。婴儿发音的准备大致经历三个阶段：简单发音阶段（0 ～ 3 月），表现为哭叫，这一阶段的发音是一种本能行为；连续音节阶段（4 ～ 8 月），表现为对语音做出动作反应，具有社会性交往倾向；模仿发音—学话萌芽阶段（9 ～ 12 月），表现为婴儿的模仿说话，语音与实物开始联系。从 1 岁起，儿童进入了正式学习语言的阶段。儿童言语发展的基本规律是：先听懂，后会说。1.5 ～ 2 岁儿童言语的发展主要表现在开始说由双词或三词组合成的句子，如“妈妈抱抱”等。2 ～ 3 岁儿童的词汇增长非常迅速。到 3 岁时，儿童已能掌握 1000 个左右的词，这一阶段的儿童能说完整的简单句，并出现复合句。

（2）自我意识的发展

①第一反抗期：2 ～ 3 岁时，幼儿才能叫出自己的名字和掌握代词“我”，产生真正的自我意识。与此同时，幼儿出现与成人不合作的行为，常以沉默、退缩、身体的抗拒来拒绝成人的要求，并常用“我自己来”拒绝成人的帮助。这种“违拗”常在幼儿三四岁时达到高峰期，心理学称之为“第一反抗期”。

②轻信他人：这一时期的幼儿对自己的评价往往只是成人评价的简单再现，对成人的评价有一种不加考虑的轻信态度。

③自我控制能力：这一时期幼儿的自我控制能力不强，越小的幼儿越是难以控制自己的行为。

笔记栏

（3）情绪情感发展

情绪与情感是人对于客观事物是否符合自己的需要、愿望和观点而产生的内心体验和行为反应。加拿大心理学家布里奇斯认为，初生婴儿只有皱眉和哭的反应。这种反应是未分化的一般性激动，是强烈刺激引起的内脏和肌肉反应。

①情绪变化：3 岁幼儿情绪发展的明显特征是易感性和易变性，他们的情绪非常外露，不稳定，极易受环境的影响。如一个孩子想妈妈时哭了，便有一群孩子跟着哭。他们一吓就哭、一哄就笑，高兴与不高兴、愿意与不愿意都表露在脸上。

②情感依恋：3 岁幼儿对亲近的人有强烈的情感依恋，当与亲人分离时，大多数都要经历或长或短的分离焦虑。他们用啼哭等方式表示分离的痛苦，这是因情感依恋而产生的分离焦虑，儿童对依恋对象的存在和消失十分敏感。

③同情心：3 岁幼儿具有一定的同情心，但他们只能做出一些举动，甚至是一些不应该的举动来表达自己。

④荣誉感：3 岁幼儿对荣誉感的理解大多局限在自己身上，而较少考虑到整个班级，还不知道为别人的成功而高兴。

（4）社会行为、技能的发展

①社会性交往：从自我为中心逐渐开始转变。

②助人：出现助人行为的萌芽，但是往往不考虑自己助人可能出现的后果，常常是好心办坏事。

③分享：在教师的启发下产生。

④合作：合作行为在游戏中经常出现，时间较短，相互协调性发展得较好，但有时会在合作行为中发生冲突，说明幼儿解决问题的能力还有待培养。

⑤攻击性行为：多为工具性攻击，大多数是为了玩具分配等。此外，辨别是非能力差，容易学习、模仿影视节目中的暴力行为。

二、新生入园前的家访

（一）什么是家访

家访即教师到幼儿家上门访问。家访不仅是教师与家长共商幼儿教育问题的方式，还是教师和幼儿家庭建立良好关系的开始。

教师可以通过家访获得幼儿的初步信任感，同时了解幼儿的习惯爱好、个性特点，以及家长的育儿观点；通过与家长交谈获得的信息远远超过电话、微信等手段获得的信息，这能够为之后教师有效开展家园工作奠定基础。成功的家访不仅可以增加教师对幼儿及其家长的了解，从而更加有效地实施个别教育，

笔记栏

还可以促进家长对于幼儿园、班级工作的认同，树立良好的形象。教师也可以通过家访指导家长调整心态，做好幼儿入园的各项准备工作。

（二）新生家访的目的

在新生入园的特殊时段，家访发挥着重要作用。家访是教师了解新生的家庭教育状况、与家长沟通教育观念、帮助新生尽快适应幼儿园生活必不可少的环节。新生家访一般是在入园前进行，教师要对所有的幼儿进行家访。新生家访的目的主要包括以下三个方面。

1. 让幼儿提前认识教师，有助于缓解入园焦虑

对大多数幼儿来说，9 月入园是他们第一次离开熟悉的家庭环境。对于陌生的环境幼儿可能会产生恐惧感，家访提供了一个让幼儿提前认识教师的机会，帮助幼儿与教师建立起初步的感情，为他们入园后尽快适应幼儿园生活、接纳教师奠定了基础。

2. 使家长消除顾虑，明确准备工作

在实际工作中，我们常常会看到这样的情景：新生入园，幼儿在教室里哭，家长在教室外哭；或是幼儿情绪已经稳定，但家长还在教室外忧心忡忡，不肯离去。

由此可见，教师不仅有责任帮助幼儿减轻分离焦虑，也有必要在幼儿入园前与家长进行深入的交流，帮助家长消除种种顾虑，使其明确幼儿入园前应该做好哪些准备工作。

3. 熟悉幼儿和家长，为今后开展工作提供依据

教师在家访时通过观察以及与幼儿的互动、交流，能够了解幼儿的性格、爱好及饮食、睡眠、如厕等生活习惯，可以指导家长做一些改善工作。

此外，教师在家访时还可以实地观察和了解到亲子关系、家长的教养观念、家庭的教育方法、家长的个人素养等方面的信息，为今后开展家园工作积累宝贵的素材。

（三）新生家访的注意事项

1. 预约时间和地点

预约时间和地点可以避免让家长觉得教师的家访打乱了他们原有的计划和生活秩序，从而不愿接受家访或造成家访效果不佳。预约时教师要注意避开幼儿午睡、吃饭的时间，尽量不要打乱家庭原有的生活作息。

教师家访注意事项

无论什么时间家访，教师都要与家长提前电话或微信沟通，告

笔记栏

知家访目的，确定好时间和地点，也可让家长提前做好一些准备，比如，请家长告知孩子的乳名、准备好孩子的照片等，以便教师进一步熟悉孩子，融洽地达成家访计划。

2. 合理规划家访路线

合理规划家访路线可以为教师节约路途中奔波的时间，在有限的时间内访问更多的家庭。在制订家访路线时，教师不妨这样做：

（1）与家长沟通，提前了解并整理每个幼儿家庭的详细住址。

（2）以集中分片、交通便捷、线路顺畅为原则，将幼儿家庭分成几个片区。

（3）通过手机上的各类导航软件确定交通工具，提前熟悉路线，尽量以最合理的路线进行家访。

3. 提前设计好新生家访记录表

新生家访记录表是根据教师需要全面了解的新生基本情况来设计的，包括开学后的主要接送者是谁、幼儿是否对食物过敏等。

在访问中，可以拿着表格和家长、幼儿进行交流，有助于教师在访问中目的明确、聚焦问题、不跑题、不遗漏，提高家访的有效性和质量。

4. 展现教师的文明素质

教师到达幼儿家后，在敲门、进门、脱鞋、坐姿、喝水等各方面要注意体现个人的文明素质。

从进门开始教师就要面带微笑，并主动问候和自我介绍，提前准备鞋套。为了更好地拉近与幼儿的距离，教师也可以准备一些小礼物，如小贴画、积木玩具等送给幼儿。

谈话内容要始终围绕改善幼儿教育和观察幼儿现有特点这个主题。所有的问题都应指向对幼儿教育背景和生活背景的了解，以免家长对教师的家访目的产生怀疑。

着装要体现出教师的职业形象：得体、大方、简洁。不要穿低领的衣服，尽量穿裤子，不要穿短裙，避免出现不雅的情况。

5. 展现教师的专业素养

教师在新生家访前，可利用新生入园登记表了解幼儿和家庭的基本情况。到达幼儿家后，教师应能准确说出幼儿的名字，无论是姓名还是乳名，这能立刻赢得家长的好感和信任。如“某某好，某某老师来看你了”。或者用询问的口气说：“你是某某吧？”这些语言传达给家长的信息是：这个教师很敬业。

家访时，若是祖辈家长在家接待教师，他们往往会对幼儿在幼儿园的生活

笔记栏

提出很多细节上的要求。教师要耐心倾听，眼睛要看着他们，面带笑容，详细记录他们的要求。老人一般对幼儿入园很不放心，教师要尽力给他们安慰。

在家访过程中，幼儿常常会拒绝教师的亲近行为。此时，教师要充分体现自己的专业性。教师一定要冷静面对，选择转移幼儿注意的方法，千万不要和幼儿产生正面冲突，以免幼儿的拒绝行为升级，造成家长和教师的尴尬。

如果主配班教师一同前往进行家访，可以提前分配好工作，如主班教师主要负责访问，配班教师主要负责记录；也可以提前商量分工，对于一些幼儿园的常规性介绍，可以由配班教师来说，而对于一些专业性更强的问题，主班教师可以多说一些。

此外，有时幼儿家庭结构特殊或家庭中有特殊的人员，家长往往不愿向教师介绍或让教师看到，对此教师要给予充分的理解和尊重。

资料链接

教师家访需要携带的物品

（1）准备好鞋套，保持幼儿家庭环境整洁。

（2）随身携带笔、笔记本、便签本、录音笔，便于及时做好家访记录。

（3）准备新生入园家长须知，包括课程特色的介绍，幼儿园一日生活作息时间表，幼儿入园前的心理、能力、习惯的准备等。

（4）打印好的班级教师手机号、班级微信群号等。

（5）准备一些入园标记卡作为家访礼物送给幼儿，可以让幼儿在入园时佩戴这些标记卡，方便教师认识幼儿。

（6）准备相机或手机抓拍新生在家的照片，用于教室环境创设。

（7）准备家访反馈表，请家长填写对本次家访的意见，有效促进家园共育工作的开展。

（四）家访时沟通的内容

1. 了解幼儿的基本情况

由于幼儿的年龄小，有了病痛不太会表达，因此教师首先要向家长了解幼儿平时的身体健康状况，生病时会有什么表现等。同时，也要了解幼儿有无食物过敏史以及对什么食物过敏等，并记录下来。幼儿在家庭中的表现是最为原始和真实自然的，教师通过家访可以直观地了解幼儿的性格特征，以便幼儿入

笔记栏

园后采用适宜的方式进行教育。

大多数幼儿由于年龄小，在家被过分呵护，自理能力普遍较差。教师向家长了解到幼儿在吃饭、喝水、穿衣、如厕等方面的习惯后，可以在入园初期为幼儿提供有针对性的帮助与照顾，让家长放心。

2. 给家长提出建议

幼儿即将入园，绝大部分家长会不放心，甚至对幼儿牵肠挂肚。教师要帮助家长分析幼儿入园后可能出现的各种不适应，并根据幼儿的现状有针对性地向家长提出一些建议。

①不要因幼儿的哭闹而心软

切忌入园初期就“三天打鱼，两天晒网”，家长要坚持送幼儿入园，教师应将幼儿园在新生入园阶段所做的各项工作向家长进行介绍，以使家长放心，树立信心。

②有意识地培养幼儿的生活自理能力

教师应建议家长引导幼儿从生活中最基本的内容做起，让家长认识到幼儿的生活自理可以有效地促进其大脑的发展。幼儿尽快学会自理不仅有利于其较好地适应幼儿园集体生活，而且能培养他们的独立性、自信心。

③让幼儿在家的生活作息时间与幼儿园接轨

很多幼儿在家的作息时间不规律，刚上幼儿园时会不适应。早上不起，中午不睡，下午困得难受，幼儿就会闹情绪，增加哭闹的频率。

④鼓励幼儿多与社区中的其他伙伴交往

对幼儿交往过程中出现的问题不过多干涉，不偏袒，让幼儿自己在与同伴的相处中学会与人交往，发展幼儿的社会性。

⑤不要用上幼儿园来吓唬幼儿

有的家长在幼儿哭闹时，用“上幼儿园”来吓唬幼儿。久而久之，这就形成了一种心理暗示，在幼儿的意识中，幼儿园成了一个可怕的地方，由此可能更加排斥去幼儿园。

⑥理性对待幼儿刚入园时的不适应

幼儿在刚入园、进入集体生活之初，种种不适应会对身心健康有短暂的影响。幼儿可能会生病，家长须理性对待，一旦幼儿适应了幼儿园生活，身体就会好起来。幼儿刚入园的阶段，班级活动以“养”为主，如养身体、养情感、养习惯等。

笔记栏

（五）做好家访记录

教师应做好简单的家访记录，如果担心当面记录会影响与家长谈话的效果，可回园后再进行追忆或者用录音笔录下谈话过程，之后再记录下来。在使用录音笔之前建议先与家长沟通好。如果是两位教师一起去家访，可以由一位主要负责与家长沟通，一位主要负责观察、了解幼儿并进行记录。

（六）家访后的总结与反思

家访之后进行总结和反思，将有利于教师今后工作的开展，建议从下面几点入手。

（1）记录经济、便捷的家访路线，以便后续家访时使用、借鉴，包括公共交通路线、站点名称、小区出入口等。

（2）整理、汇总家长的要求和基本的教育观念，据此可对家长进行简单的分类。

（3）有针对性地提出自己的建议，和搭班教师及时进行沟通、交流。

（4）整理每位幼儿入园后需观察、注意的方面，便于之后有的放矢地开展工作。

（5）认真阅读家长反馈表，就反馈表以及家访过程中出现的一些疑惑或共通问题，进行归纳、总结，为之后的家访工作以及班级保教活动制订新的计划。

总的来说，家访不能拘泥形式，教师的每次家访活动都是有目的、有考虑的，这样才能发挥其最大的教育价值，使之后长期的教育教学以及家园共育达到事半功倍的效果。

三、筹办幼儿园新生家长会

孩子从家庭走向幼儿园是踏入社会的第一步。每年的新生入园时期，家长们总是会对孩子在幼儿园的生活和学习等方面产生各种各样的疑虑。新生入园后，班级组织新生家长会，不仅可以让家长了解入园幼儿情况，还可以让家长清楚本学期的工作重点，清楚接下来需要配合的工作。因此，幼儿园的新生家长会成了家园沟通非常重要的一步。

（一）什么是新生家长会

家长会是幼儿教师和家长相互交流幼儿的情况，对幼儿的问题进行沟通以便教师及时调整工作，共同寻找最佳教育方法和途径的有效渠道。新生家长会则是专门为刚入园的新生召开的家长会。新生家长会是家长送孩子入园的第一堂课，从此，家长和园所就要共同承担起孩子的教育工作了。面对新幼儿、新

笔记栏

家长，幼儿园新生家长会显得格外重要。

（二）筹办新生家长会的目的

筹办幼儿园新生家长会的目的主要包括以下两个方面：

（1）帮助幼儿尽快熟悉幼儿园，适应集体生活，喜欢上幼儿园。

（2）向家长介绍幼儿园的生活作息及一日活动安排，让家长了解幼儿在园的活动内容、小班幼儿的发展目标及学习方式等，从而更好地配合教师做好新生家园衔接工作。

（三）新生家长会的准备工作

（1）教师准备一本通讯录，详细列出新生幼儿家长的信息，如幼儿家长的姓名、籍贯、单位、个人电话等，以及家庭成员如爷爷、奶奶的住址及幼儿平时和祖辈亲人相处时间长短等信息。

（2）教师整理幼儿的个人信息，如吃饭喜好、睡午觉情况、疾病史以及父母对孩子的简单评价。这样不仅可以方便教师和家长沟通，还能更好地掌握新生幼儿的情况，也可以让家长在会后填写或者第二天交给班里的老师。

（3）教师准备一份发言稿，向家长简单讲解幼儿入园后可能会出现的焦虑、哭闹、不适应等状况，和家长共同帮助幼儿走过这个阶段，并搜集相关正面例子，引导家长采取积极行动配合幼儿园。

（4）准备一些幼儿入园的常见问题，以便家长提问时能够科学解答。

（5）提前准备好教学计划，以便和家长沟通教学内容，让家长了解幼儿在幼儿园会学到什么。

（6）准备好向家长发放的资料，如“如何消除幼儿入园恐惧心理”“如何使新入园幼儿克服午睡障碍”等资料，和家长共同学习。

（四）新生家长会的主要内容

1. 幼儿在园一日活动介绍

教师按作息安排表向家长介绍幼儿园的每日活动，包括活动的名称、活动的主要内容等，介绍幼儿园的餐点和生活保育（洗手、如厕、午睡等），以及在各个环节中保教人员如何互相配合、在室内外照顾孩子的情况等。

2. 让家长了解小班的培养目标

教师向家长介绍小班幼儿的学习与发展目标、典型表现和相应的教育建议等，不需逐条解释，可以根据班级幼儿的具体情况，有侧重地进行介绍。让家长了解在幼儿的成长中，良好的生活习惯、学习习惯、性格养成比学习很多显性的知识更重要，这能帮助一些注重知识学习的家长了解幼儿园的教学理念，

笔记栏

避免日后产生“幼儿园学不了东西”的观念。

3. 幼儿园学习

教师向家长介绍幼儿园学习与小学学习的最重要区别——幼儿是在游戏中学习。教师可以举例说明角色游戏对幼儿文明礼貌行为、合作意识等的培养，让家长对此有详细的了解。教师可以根据实际进行的学前教育课程，介绍是按主题还是其他方式进行教学，并举例让家长具体了解如何按主题教学，如集体学习、个别化学习、环境创设都是围绕主题开展的。

4. 家园共育

建议家长多向幼儿问问幼儿园里开心的事，不要总是问“谁欺负你了”“老师是不是喜欢你”“你在幼儿园想妈妈吗”等问题，增加幼儿的焦虑感。

幼儿之间可能会因为不适应集体生活产生一些小摩擦，尤其是一些语言发展能力较慢的幼儿，因为不太会语言表达而容易动手。告诉家长教师会尽量全面观察，发现问题及时解决，如果发生类似情况希望家长之间要互相谅解。

在保健方面需要家长配合的问题，可根据幼儿园或班级的实际情况进行介绍，如入园洗手、晨检、服药的要求，午睡及孩子衣物准备的要求，预防传染病需要注意的事项等。

（五）幼儿园新生家长会的具体流程

1. 提前向家长发送参会信息

提前向家长发送参会信息，能够让家长了解参会的目的与准确时间，做到心中有数。

2. 家长到指定处签到

班级教师根据实际情况，做好人员分工，指定教师进行迎接、签到和拍照，让第一次参加家长会的家长拥有良好的参会体验。

3. 简要介绍本次家长会的主要内容

家长会开始之初，教师简要介绍本次家长会的主要内容，让家长有一个了解。

（1）班级情况分析：班级师资情况（主班教师、配班教师、保育员介绍）；班级基本情况介绍（如幼儿人数、性别、发育特点等）；午睡室、餐厅、活动室等的介绍。

（2）本学期教育任务及内容介绍：学期总目标概述；学习内容及任务概述。

4. 关于幼儿接送安全问题

（1）幼儿尽量不要随便缺席，生病或者有事要提前向老师请假。

笔记栏

（2）为保证孩子安全，早晨家长将孩子交给本班老师，晚上接孩子离园时必须和老师打招呼。

（3）如委托别人接孩子，被委托人应年满 18 岁，并需要家长提前打电话告知本班老师。

（4）家长尽量不要“偷偷”来看孩子，以免影响孩子的情绪。

5. 介绍卫生保健知识（季节多发病、常见病、饮食等）

（1）如孩子有过敏史或疾病，让家长提前告知老师。

（2）如孩子有发烧、肠胃不适等情况，让家长与老师交流后把孩子留在家中休息。

（3）如孩子生病需要喂药，让家长将药交到老师手中，告诉老师服药的时间、剂量等。

6. 给家长的建议

（1）如家长的电话号码有变动，请及时告知老师，方便联系。

（2）请为幼儿准备两条裤子（两套衣服），并绣上幼儿的名字带来幼儿园，便于尿湿后换洗。

（3）请幼儿穿简单、舒适、便于活动的衣服入园，不要穿拖鞋入园。

（4）不给孩子带危险物品和贵重物品入园，以免造成伤害或丢失。

（5）每周为孩子清理指甲，以防孩子无意伤人。

（6）配合教育孩子在家自己吃饭、学习穿脱衣服和鞋子。

7. 家长答疑

新生家长对孩子在幼儿园的学习、生活和适应情况，必然有许多希望深入了解的地方，应在会后安排一定的时间让家长与本班教师进行面对面交流。

步骤二 任务实训

1. 阅读材料，回答问题。

早晨，当妈妈把 3 岁的果果从被窝里抱起来穿衣服的时候，果果小声地说："妈妈，我不想上幼儿园。"可是，妈妈要上班，只好"硬着心肠"把孩子送到了幼儿园。"妈妈，你别走，我想回家。"在活动室门口，果果哭喊着拽住妈妈的衣角，就是不肯进班。终于，在妈妈连哄带劝下，果果脸上挂着泪珠，一步三回头地走进了活动室。

（1）该案例给了你什么启示？为什么新生入园时或多或少会有不适应现象？

（2）作为一名幼儿教师，如何看待和应对幼儿入园适应难的问题？

如何看待幼儿入园适应难的问题？

应对方法：

2. 如果你是主班老师，请你自行拟订主题，并设计一个家长会的活动方案，帮助班级新生尽快适应幼儿园生活。

◎新生家长会活动方案：

3. 新生家访可以帮助教师更好地掌握孩子的情况，减少孩子对教师的陌生感，缓解幼儿入园初期的焦虑。那么，教师应如何利用这短短的时间得到最需要的信息？一次标准的家访流程又是怎样的呢？请以小组为单位，思考并讨论。

◎家访流程：

◎小组总结：

步骤三 思考提升

如果说入园是孩子从家庭走向社会的第一步，那么，快乐的入园体验活动则是他们顺利入园的前奏曲。为了帮助初入园的幼儿消除陌生感、迅速融入新环境，让家长了解幼儿在园的一日生活、更好地配合教师开展家园共育工作，不少幼儿园会在开学前举办新生入园体验活动。作为教师，应如何组织开展活动，给孩子一个最美的“初见”呢？

步骤四　任务评价

<table>
<tr><th>序号</th><th>评价要点</th><th>评分依据</th><th>分值范围</th><th>教师评分</th></tr>
<tr><td>1</td><td>对新生入园适应工作内容的掌握情况</td><td rowspan="3">要求学生针对所应掌握的相关内容形成文字材料，提交给教师作为评分依据</td><td>0~10 分</td><td></td></tr>
<tr><td>2</td><td>对新生入园前家访的目的、注意事项、沟通内容、家访记录等内容的掌握情况</td><td>0~15 分</td><td></td></tr>
<tr><td>3</td><td>是否了解新生家长会的目的、主要内容，并掌握具体流程</td><td>0~15 分</td><td></td></tr>
<tr><td>4</td><td>学生课前准备及课堂表现情况</td><td>1. 课前准备材料需提交给教师作为评分依据
2. 教师根据学生在课堂上的表现或个人突出表现进行评分</td><td>0~20 分</td><td></td></tr>
<tr><td>5</td><td>在“任务实训”环节的表现情况</td><td>1. 依据实训中的个人表现评分
2. 依据实训中文字材料的丰富性评分
3. 依据实训优异程度评分</td><td>0~20 分</td><td></td></tr>
<tr><td>6</td><td>“思考提升”的完成度</td><td>1. 依据文字材料评分
2. 依据完成优异情况评分</td><td>0~20 分</td><td></td></tr>
<tr><td colspan="4">得分（总成绩 100 分）</td><td></td></tr>
<tr><td>教师评语</td><td colspan="4"></td></tr>
</table>

笔记栏

任务二 制订班级工作计划

任务背景

幼儿园班级工作计划是为实现班集体管理目标而在学期初预设的工作实施内容、途径和方法。它既是指导班级活动，保证教师和家长对幼儿教育影响一致性的前提条件，又是改进班级管理工作、提高班级管理工作质量的重要保证。制订正确、合理的班级工作计划，是一名合格的幼儿园教师必须掌握的基本技能。

任务目标

1. 了解幼儿园班级学期工作计划、教学月计划和周计划及一日常规工作计划的内容。

2. 制订幼儿园班级学期工作计划、教学月计划和周计划及一日常规工作计划。

任务准备

幼儿园班级学期工作计划、教学月计划和周计划及一日常规工作计划素材。

任务实施

步骤一 知识梳理

一、制订班级学期工作计划

计划，是对将要进行的工作的具体打算和规划，可以使工作更有系统性。

古人云：“凡事预则立，不预则废。”一般而言，幼儿园通常会依据教学目标，在学期之初提前制订学期工作计划、教学月计划和周计划、一日常规工作计划。有了计划，保教工作就有了明确的目标和具体的步骤，增强了工作的主动性，减少了盲目性，使教学工作有条不紊地进行。

笔记栏

（一）什么是学期工作计划

学期工作计划，也称班级保教工作计划，是指结合本班幼儿的情况（包括幼儿人数，上学期情况分析，生活、学习态度习惯等）制订本学期的工作重点和具体的工作措施、月份安排。

学期工作计划是指导一个学期班级各项工作全面、有效开展的依据，除了班级情况分析、保教目标、各阶段的目标和措施，班级学期工作计划中还可以包括家长工作、环境创设、游戏活动等内容，教师可以根据园所的要求和实际情况进行撰写。班级教师制订的学期工作计划应符合实际，具体安排应具有操作性，对实际工作应起到指导作用。

（二）制订学期工作计划的原则

（1）分析掌握在前，目标在后。分析之前幼儿的发展状况、班级整体工作情况，掌握、熟悉本年龄段幼儿发展的目标要求。

（2）立足园所、班级实际的适宜性。

（3）年级组成员、班级成员全员参与，充分沟通。

（三）制订学期工作计划的要点

1. 现状分析

这一步是要明确“为什么做”，这是制订学期工作计划的依据。磨刀不误砍柴工，在制订学期工作计划之前，首先要分析班级幼儿的现状，如幼儿各个方面的发展水平怎么样、优势是什么、不足有哪些、重点需要加强的方面是什么等。只有充分明确幼儿的发展现状，才能制订出切实可行的方案。

如何进行现状分析？可以从以下三个方面进行：

（1）对照上学期的总结，分析幼儿上学期的发展状况和教育目标的完成情况。

（2）先对整体情况进行分析，再按领域和项目依次进行分析。

（3）为了保证分析的真实、准确，要兼顾整体与个体。此外，新生班级可以结合幼儿的年龄特点和教师以往的经验进行分析。

2. 制订学期工作目标

这一步是要明确“做什么”。根据现状分析，教师要制订整个学期的工作任务以及应该达到的工作指标。教师可以先定大的目标，再定具体的策略。

制订学期工作目标时，教师要考虑每个领域的关键经验、幼儿的年龄及发展特点、本班幼儿的实际水平，从而确定班级本学期各项重点目标。教师在书写学期工作目标时，可以按领域或项目进行撰写。

笔记栏

3. 明确具体措施

这一步是要明确“怎么做”。教师可以结合园所班级，以月份或内容为线索明确工作的方法和步骤，采取相应措施，保证目标和具体事项的完成。

具体措施是教师实现教育目标的手段、途径、形式，需要根据具体内容进行具体分析。

值得注意的是，教师应把握“措施”与“目标”之间的不完全对应性和关联性，即一个目标可能需要多种措施去实现，而一种措施可能会实现多个目标。

（四）制订班级学期工作计划的基本要素

（1）项目名称；

（2）基本情况分析；

（3）本学期工作目标；

（4）主要工作任务及措施；

（5）各月主要活动安排；

（6）班主任签名确认。

资料链接

制订班级学期工作计划的注意事项

（1）制订班级学期工作计划的时候，教师可以根据对幼儿的了解以及幼儿的年龄特点、兴趣需要，设计尽可能丰富的措施。

（2）落实班级学期工作计划需要明确具体内容，不过具体内容不一定要列在班级学期工作计划中，既可以写在月计划中，又可以提纲挈领地在班级学期工作计划中写出主题框架或与目标和措施相对应的各种具体活动。

（3）教师可以根据对目标的理解、以往的工作经验、现有的参考教材选择确定具体内容。不过需要注意的是，计划不是一成不变的，需要在实践中修订和完善。

二、制订班级教学月计划和周计划

（一）制订班级教学月计划

1. 什么是月计划

月计划是学期计划的下位分解计划，主要是在总结上月执行情况的基础上提出实现学期目标计划的实际步骤。它包括上个月情况分析、本月各领域的重

笔记栏

点目标、主要活动措施及活动内容、环境创设要求、家长工作等要素。月计划的制订是在总结上个月工作目标的达成情况以及幼儿发展情况的基础上，提出本月工作目标。月目标与学期目标之间要体现层次分解性，本月目标与上月目标之间应体现渐进发展性；围绕月目标选择的教育内容应体现整体性、季节性、适量性，并制订与之相应的措施。主题活动计划应包含在月计划的整体框架内，与月计划有机融为一体。

2. 制订月计划的步骤

（1）上月情况分析

分析要体现针对性，主要针对上个月目标的达成情况及幼儿的发展情况进行分析。须做到客观、真实，既要分析优势，又要指出不足。

（2）本月重点目标

本月重点目标的制定要依据学期目标中每个领域、每项工作的关键价值以及幼儿上个月的发展状况、本月的特质等对学期目标进行筛选、分解，要把握目标的适宜性，不宜过大或过于具体，应适宜本月实现，有的可能直接是学期目标，有的可能为分解目标。按领域和项目进行制定目标，体现本月重点。

（3）具体措施及内容

措施可以依据目标，按照领域和项目来写。在内容上，为了便于指导月工作的开展，增强目的性，可以采用分类书写的方式。

3. 制订班级教学月计划的基本要素

（1）项目名称；

（2）幼儿情况分析；

（3）本月工作重点；

（4）各个领域的月目标；

（5）教学内容；

（6）环境创设要求；

（7）家长工作。

（二）制订班级教学周计划

1. 什么是周计划

周计划是一周之内全部教育活动及相关工作的具体方案，是当月工作计划中某些内容的具体化，是保证月教育目标和周工作目标顺利实现的必要条件，也是日教育目标与方案设计的依据。

周计划是将月计划分解到各周逐次完成，进一步明确工作要求、内容、措

笔记栏

施，是将一般常规工作和重点工作有机结合起来，但要分清轻重、缓急及主次，每周应有一两项重点工作。教师制订周计划时要突出各类活动的安排，每周应该有一两项重点内容，并注意新旧内容量，保证游戏活动和自由活动的时间。

2. 制订周计划的步骤

（1）分析上周情况

首先，分析要体现针对性，主要针对上周目标达成的情况及幼儿的发展情况进行分析。

其次，分析要保证客观、真实，既要分析优势，又要指出不足。

（2）确定本周主要目标

教师在对上周情况进行分析后，首先应给每个领域、每项工作确定一个方向，然后筛选活动内容，确定每个领域、每项工作的重点目标（注意是各领域突出的重点目标，不仅仅指向教育活动），最后表述本周目标，表述要适宜，忌过于宽泛或过于具体。

（3）制订具体的措施及内容

晨间活动：

①幼儿陆续来园时段，一般为幼儿自选活动，如看书、折纸、玩玩具、自由交谈等。教师可以根据幼儿的兴趣及近阶段幼儿的发展情况、教育目标选定几种，供幼儿自选，定期更换。

②幼儿来园到饭前集中时段，教师可安排集中活动，如主题谈话、讲故事、儿歌诵读、新闻讲述等内容。

生活活动：

教师要关注幼儿生活卫生习惯、自理能力等方面的问题，如喝水、进餐、穿脱衣服、值日生服务等。教师要注意突出每周工作计划的重点，针对幼儿近期最突出的问题，循序渐进地进行引导。

教育活动：

①一周教育活动的内容要全面。

②每一周的活动要体现新旧内容的融合。

③注意选择内容的适宜性，思考所选内容是否必须通过教育活动的途径去实现，如歌曲复习可以在过渡环节进行，手工制作可以在区域活动中完成等。

④两节活动之间要注意以下三个方面：动静交替，互不影响，尽量把动性的活动安排在第二节；内容间的关联性；活动容量搭配适宜，如第一节为数学活动，第二节为美术活动，则对幼儿来说容量过大，难以完成。

笔记栏

户外活动：

①户外活动应包含集体游戏和分散自选游戏两部分。

②每周要有重点需要幼儿发展的运动技能点，一般持续在一周内，循序渐进提升。

③集体游戏要求：每天集体游戏要求运动技能点突出，制订计划时标出运动技能点。

④分散自选游戏要求：每周要有重点地投放、调整、指导材料。

活动区活动：

①每天列在计划中的区域应为重点指导的区域，一周中应尽量涵盖所有区域。

②根据上周幼儿游戏情况和本周重点目标而定。

③制订周计划时尽量简要标出每个区域的指导重点，且呈现递进性。

离园活动：

离园活动是幼儿离园前的集体等待环节。在这个环节内，教师既可以稳定幼儿一天的情绪，组织轻松、愉悦的活动，又可以对一日生活进行简短的回顾，融入一定的教育价值。教师可以开展自由交谈、有目的的自选活动、故事欣赏、悄悄话时间、“今天的我最棒”、“分享时刻”等活动。

3. 制订班级教学周计划的基本要素

（1）项目名称；

（2）周次；

（3）周教学目标；

（4）周教学内容的安排。

制订班级教学月计划和周计划的注意事项

1. 做分析

分析是制订班级教学月计划、周计划的前提。教师对幼儿特点、发展水平、班级情况等内容分析得是否准确、到位，将直接影响制订计划的效果。

2. 具体化

具体化是月教育目标和周工作目标顺利实现的必要条件。教师在制订月、周计划时，要确定计划的重点目标，内容要具体细化，要能

笔记栏

体现课程规划的功能，兼顾幼儿生活、运动、游戏、家园共育等方面，及时反馈与调整。

3. 适宜性

教学月计划、周计划的目标和内容要恰当。教师不宜将目标制订得过大，应适宜本月或者本周实现；筛选活动内容时，要围绕达成每个领域、每个主题活动的目标来进行，体现连贯性，以展现幼儿动态的发展。

4. 多形式

教育月计划、周计划的制订可在常规基础上，探索多形式的方案，从而凸显园所的教育特色、班级工作内容的重点。

三、制订班级一日常规工作计划

（一）班级一日常规工作计划的定义

班级一日常规工作计划是指幼儿园班级在一日常规工作方面的具体规划。幼儿园一日常规工作主要包括入园、离园、自由游戏、教育活动、生活活动、户外活动、区角活动等基本活动，以及串联一个活动和另一个活动的过渡环节。

班级常规的建立和实施

（二）制订班级一日常规工作计划的意义

班级一日常规工作计划的制订，有利于一日活动中各环节教育价值的充分发挥，使各环节有机配合形成“合力”，达到“整体大于部分之和”的效果。因此，教师应从整体出发，有机地整合各个环节的各项活动，努力提高各项活动的整体成效。

同时，制订班级一日常规工作计划能够提高教师的工作效率，加强教师在工作过程中的执行率，减少工作失误。对于一名合格的幼儿园教师而言，制订一份科学合理的一日常规工作计划是非常必要的。

（三）制订班级一日常规工作计划的原则

1. 整体性原则

幼儿园一日生活的整体性原则，要求教师树立整体观和系统观，不要把一日生活看成一个个要素、部分的简单相加，或一个个环节的简单连接，而要把一日生活各要素、各部分、各环节都看作班级管理整体系统中的要素、部分、环节，把它们看作相互联系、相互渗透、相互影响、不可分割的关系。

笔记栏

2. 动静交替原则

幼儿的年龄特点决定了他们的注意力集中时间较短，这就要求教师根据幼儿的不同需求安排适宜的活动，让活动形式适宜、活动时间适宜、活动内容适宜，要有动有静，让幼儿松弛有度，使幼儿大脑的不同区域轮流运转，身体的大小肌肉都得到锻炼。

3. 分散与集中相结合原则

灵活多变的活动组织形式能满足幼儿多方面发展的需求，给予幼儿不同的支持。集体活动能让幼儿相互分享彼此的智慧，体验交往的乐趣；小组活动能使幼儿之间的交往更加充分，幼儿有更多的表现机会；个体活动则能提供更多的探究空间，有利于教师进行有的放矢的教育。

4. 预设与生成相结合原则

幼儿园的生活中处处可能蕴含着有价值的教育内容，教师可以随机将这些内容纳入计划，生成课程，这既是教育生活化，也是生活教育化。一日活动组织过程中有很多不确定性，很难准确预测，需要教师在与幼儿的交往过程中根据情况做出适当的反应。因此，对于制订的教学计划，都应“留有余地”，一个缺乏弹性的计划不仅束缚了教师，更束缚了幼儿。

制订班级一日常规工作计划的注意事项

（1）幼儿户外活动每天应不少于 2 小时，其中体育活动不少于 1 小时，高温天气可酌情减少。

（2）幼儿两餐间隔不少于 3 小时。

（3）保证幼儿每天连续不少于 1 小时的自主游戏。

（4）采用集体、小组、个别等多种形式开展学习活动，减少整齐划一的集体形式的学习活动，大班每天最多不超过 1 小时，中班和小班则适量减少。

（5）在连续性的游戏、体育、学习等活动中，教师应注意提醒幼儿根据需要饮水、如厕等，养成良好的生活习惯。

（6）教师可结合节气、地域特点和课程安排，适当调整班级一日常规工作计划。

（7）集体教学活动的教材要分析通透，依据幼儿的年龄特点精心设计方案，过程要清晰，有重点与难点。生活活动、游戏活动、区域活动的目标要明确，并有指导重点。

2-2-8

步骤二 任务实训

1. 搜集幼儿园班级教学月计划工作表，小组展开讨论，分析优点与不足，对于不足之处提出改进方法。

◎优点：

◎不足：

◎改进方法：

2. 结合“秋天”主题，设计一份中班教学周计划。

◎教学周计划：

3. 你是如何理解幼儿园一日生活的整体性原则的？请举例说明。

◎案例 1：

◎案例 2：

◎案例 3：

步骤三 思考提升

1. 幼儿园一日常规工作计划包含几个基本要素？

2. 仔细阅读《3～6 岁儿童学习与发展指南》，说一说班级一日常规工作计划对幼儿的身心发展有什么意义。

3. 深入当地托幼机构观摩学习，并结合所学知识，说一说如何才能制订出切实可行的班级教学计划。

步骤四 任务评价

序号	评价要点	评分依据	分值范围	教师评分
1	对学期工作计划制订的原则、要点、基本要素、注意事项的掌握情况	要求学生针对所应掌握的相关内容形成文字材料，提交给教师作为评分依据	0~10 分	
2	对教学月计划、周计划制订的步骤及注意事项等内容的掌握情况		0~15 分	
3	是否正确理解班级一日常规工作计划的含义及其制订原则		0~15 分	
4	学生课前准备及课堂表现情况	1. 课前准备材料需提交给教师作为评分依据 2. 教师根据学生在课堂上的表现或个人突出表现进行评分	0~20 分	
5	在“任务实训”环节的表现情况	1. 依据实训中的个人表现评分 2. 依据实训中文字材料的丰富性评分 3. 依据实训优异程度评分	0~20 分	
6	“思考提升”的完成度	1. 依据文字材料评分 2. 依据完成优异情况评分	0~20 分	
得分（总成绩 100 分）				
教师评语				

项目三 班级一日常规及安全管理

古为今用

古文：

凡事预则立，不预则废。

——〔西汉〕戴圣《礼记·中庸》

今用：

做任何事情，事前最好都有准备，没有准备就很有可能失败。说话先有准备，就不会理屈辞穷、站不住脚；行事前计划先有定夺，就可以尽量避免发生错误或后悔的事。幼儿园班级日常工作管理，包括一日生活常规工作及安全管理和一日教育常规工作及安全管理。对幼儿教师来说，建立班级一日生活和一日教育常规，是班级管理的首要任务；保障幼儿的安全，则是班级管理工作的重中之重。因此，幼儿园班级一日常规及安全的有效管理不是一朝一夕单靠学习理论知识就能实现的，而是需要幼儿教师在大量的实践中反复摸索、总结经验，提炼出行之有效的方法。本项目为学生梳理了幼儿园班级一日生活常规、一日教育常规各环节的教育意义、教师常规管理和安全管理的要点等内容，让学生在主动、积极的思考中形成对班级一日常规管理的初步认识，并根据所学掌握一日常规的组织与实施技能。

学习目标

1. 知识目标：了解幼儿园班级一日生活常规、一日教育常规各环节的教育意义及具体内容。

2. 技能目标：掌握幼儿园班级一日生活常规、一日教育常规各环节对不同年龄班幼儿的要求。

3. 素质目标：通过对幼儿进行一日常规的培养，使幼儿养成良好的生活和学习习惯，促进幼儿各方面的发展。

4. 思政目标：加强安全教育和管理，树立积极主动的教育观。

学习建议

对幼儿园来说，保教质量是第一目标，学生安全是第一责任。教师应按照《幼儿园教育指导纲要（试行）》要求，以保教并重为前提，丰富幼儿一日活动内容，遵循幼儿成长规律，在强化幼儿日常行为规范上下功夫，进一步落实安全责任与措施，保证幼儿生命安全，促进幼儿健康成长。

思维导图

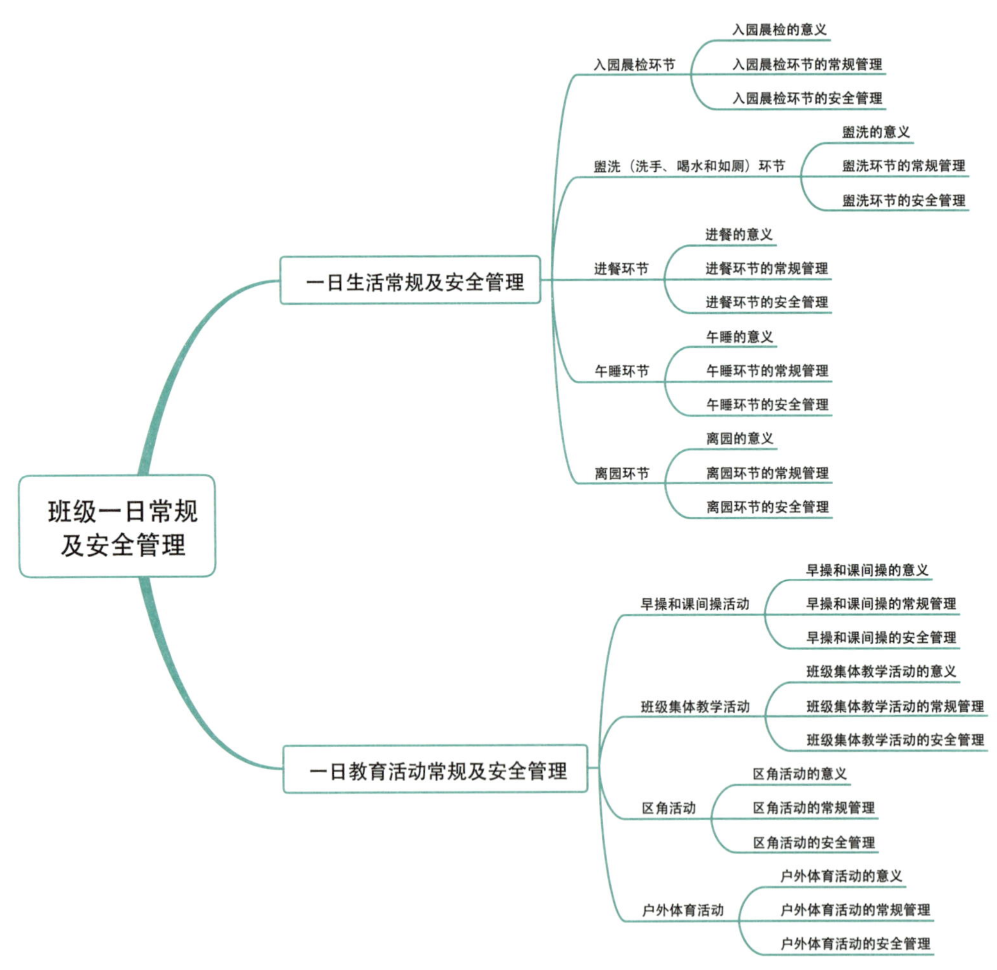

笔记栏

任务一 一日生活常规及安全管理

任务背景

一日生活是幼儿在幼儿园一天的全部经历，是其在参与、体验与创造中利用环境自我更新的历程。一日生活常规则是指幼儿在园一日生活中需要遵守的规则和规定。建立良好的一日生活常规，不仅能够保证幼儿有一个良好的集体生活环境，还有利于幼儿行为习惯的培养。对于刚入园的新生幼儿来说，培养一日生活常规更为重要。当然，幼儿的安全是班级管理的重中之重。做好班级一日生活常规及安全管理，是每个幼儿教师必须学习和掌握的技能之一。

任务目标

1. 了解入园晨检，盥洗（洗手、喝水和如厕），进餐，午睡，离园等环节的意义。

2. 掌握一日生活常规、教育活动各环节常规管理及安全管理的基本方法。

3. 在一日生活常规管理和安全管理中，能够灵活运用所学知识解决问题。

任务准备

幼儿园班级一日生活常规的有关图片、视频、儿歌等。

任务实施

步骤一 知识梳理

一、入园晨检环节

（一）入园晨检的意义

晨间检查是幼儿园一日生活的开始环节，也是幼儿园常规活动的重要组成部分。晨检一般由幼儿教师负责，主要是为了了解幼儿的健康状况，检查幼儿的个人清洁卫生，以便做到对疾病早发现、早预防、早隔离、早治疗。

入园晨检的意义主要包括以下三个方面。

笔记栏

1. 幼儿的卫生情况

幼儿入园后的第一件事是洗手，然后接受晨检。晨检时老师检查幼儿的指甲、口腔、衣着等，教育引导幼儿养成勤洗澡、勤洗头、勤换衣、不留长指甲、早晚刷牙、饭后漱口等良好的卫生习惯。

2. 幼儿的健康情况

幼儿园是幼儿聚集的场所，而幼儿由于免疫系统还未发育完善，对各种疾病的抵抗力较差，只要有一个幼儿患病，就容易造成疾病传播，特别是传染病的发生和扩散。晨检可以及时发现和隔离传染源，做到早发现、早报告、早隔离、早治疗及预防，确保每个幼儿健康、安全入园。

3. 有无携带危险物品

检查幼儿是否携带尖锐的、过小的、有危险性的东西，以保证幼儿一日生活、活动能够安全顺利进行。

（二）入园晨检环节的常规管理

1. 幼儿入园前的准备工作

（1）教师提前到幼儿园，开窗通风。

（2）检查幼儿图书、玩具等活动材料是否充足、适宜，物品是否摆放整齐，为幼儿来园营造一个良好的环境。

（3）教师更换工作服，做好室内外清洁卫生及消毒工作。

（4）放好晨检用品，备好各班晨间检查及全日观察记录簿、幼儿家长委托吃药记录簿。

2. 幼儿入园时的接待工作

教师要以热情、亲切的态度接待幼儿，相互问好。教师的情绪、态度对幼儿有很大的感染作用，要使幼儿感到亲切、温暖，感到教师喜欢他、欢迎他。由此他也会喜欢老师，喜欢上幼儿园。

教师应有礼貌地向家长问好，主动向家长了解幼儿在家的情况，听取家长的要求和建议。就双方需要及时商洽的问题交换意见，做好个别幼儿的药品交接工作。教师要利用晨间接待的机会，与幼儿亲切交谈，有计划地进行个别教育，对不爱活动、性格孤僻的幼儿要具体关照，给予帮助，吸引幼儿参加集体生活。

3. 幼儿入园时的晨检工作

晨检工作是由幼儿园保育教师和班级教师共同完成的，保育教师负责园门口的初次晨检，班级教师负责幼儿进班的二次晨检。晨检工作的具体步骤主要

笔记栏

有以下环节：

一问：向家长询问孩子在家的健康状况，比如饮食、睡眠、大小便、精神等情况，以及有无传染病接触史。

二看：看幼儿的面色、精神状态，以及幼儿的五官、咽喉、腮部、裸露在外的皮肤等有无异常，如有可疑症状的，及时告知家长，带孩子去医院排查诊治。

三摸：用手触摸幼儿的额头、手心，初步辨别有无发热现象，对疑似发热的幼儿用消过毒的体温计测量体温。若发现幼儿发热，保育教师首先应了解幼儿发热的原因，有无到医院就诊，如果没有，应说服家长带幼儿到医院就诊或回家休息。

四查：检查孩子有无携带危险物品。常见的危险物品包括小珠子、玻璃片、带尖的玩具等；幼儿不宜食用的食品包括瓜子、口香糖、果冻等。若发现上述物品和食品，应交由家长带回，或者由教师暂时保管，幼儿离园时由家长带回。另外，教师需要做好家长与幼儿的安全宣传与教育工作。

做好晨检工作的方法

1. 保育教师晨检工作时的姿态。晨检教师应主动、热情地问候幼儿，给家长以及幼儿传递被尊重和被爱的感受，让家长放心，信任幼儿园。

2. 每日晨检过程中幼儿的配合。保育教师应每天按照惯例要求幼儿进园时主动参与晨检，特别是新入园的幼儿。班级教师可以通过开展健康教育课，告知幼儿养成每日晨检的良好习惯以及为什么晨检，周而复始，幼儿就会积极参与进来。

3. 和家长进行有效的沟通。晨检是保育教师和家长就有关幼儿健康问题进行有效沟通的最好时机，有效的沟通可以预防许多意外情况的发生。

4. 晨检时的幼儿管理。保育教师每日在幼儿园门口晨检时，要准备红、黄、绿三种牌子，方便进班后班级教师对幼儿的管理。红色牌子提示幼儿不能进班，黄色牌子提示幼儿今天需要特别关注，绿色牌子提示幼儿一切正常，没有牌子的幼儿是未进行晨检的，班级教师不予接收。同时，保育教师对在晨检过程中发现的异常情况要进行及时、翔实的登记，并在一日观察中重点留意特殊幼儿的健康状况。

笔记栏

（三）入园晨检环节的安全管理

1. 常见的安全隐患

（1）幼儿入园时可能会将外界病菌带入园中，由于幼儿免疫力较低，流行病、传染病在幼儿园的发生概率很高。

（2）幼儿因携带危险物品而导致呛噎、窒息等事件屡见不鲜。

（3）一些幼儿园的晨检流于形式、形同虚设，或检查工作粗枝大叶，为安全事故的发生埋下了隐患。

2. 安全管理要点

（1）教师要提醒幼儿先洗手后入班，防止幼儿将外界病菌带入园中。

（2）晨检是幼儿安全入园的第一道屏障，教师要做好晨检工作，排除安全隐患。教师要认真检查幼儿的口袋、书包，看看幼儿有没有携带危险物品，发现这些危险物品之后，要及时告知家长，让家长有警惕意识，树立“安全工作，检查第一”的意识，消除危险隐患，确保幼儿安全、健康入园。

（3）教师要指导幼儿安全地进入活动区。如果是室内活动，要保证幼儿在教师的视线范围内；如果是室外活动，教师要保证幼儿安全到达了活动场地，避免幼儿独自一人。

（4）对于生病的幼儿，教师要格外留心。一方面，教师要向家长询问患病幼儿的身体状况和服药情况，由幼儿家长亲自填写“服药登记表”并签名；另一方面，教师要随时关注身体不适的幼儿，照顾幼儿按时服药，注意把药袋放在幼儿无法触及的地方。

二、盥洗（洗手、喝水和如厕）环节

（一）盥洗的意义

在幼儿一日生活的各环节，盥洗是每天必不可少的且会重复多次的环节，蕴含着培养幼儿良好行为习惯的最佳契机。由于幼儿人数众多，而资源有限，幼儿在进行盥洗时，经常要面临排队等候的问题。因此，教师要引导幼儿自主调配盥洗环节，帮助幼儿高效完成盥洗过程，减少排队等候，从而使各活动环节更为紧凑，培养幼儿节约时间、有效利用时间的意识。

（二）盥洗环节的常规管理

1. 洗手环节

（1）管理要点

①洗手环节分为集体洗手和个人按需洗手。一般刚入园、饭前、喝水前、户外活动归来时，教师要组织幼儿集体洗手。

笔记栏

②教师应组织幼儿有序进入盥洗室，提醒幼儿卷好袖子（特别帮助有困难的幼儿）、节约用水，发现有打闹、玩水等情况时，及时提醒和纠正。

③提醒幼儿按照正确的方法洗干净手和脸，天气干燥时提醒幼儿涂抹润肤露。洗手顺序为：卷衣袖—湿手—擦肥皂—搓手心手背—冲洗—双手合掌甩水—打开毛巾擦干净；洗脸顺序为：卷衣袖—拿毛巾湿水—拧干—把毛巾打开洗脸、手背、脖子—搓洗毛巾—拧干—挂回原来的地方。

（2）常见问题

①幼儿不会挽袖子。

②幼儿不会控制水流的大小。

③幼儿洗手方法不正确。

④幼儿洗手时不用香皂。

⑤幼儿不认真洗手，洗手时打闹、玩耍。

（3）应对策略

①教师适当示范、帮助、提醒。

②教师可将洗手方法分解多次进行，还可与幼儿一起洗手，边说边做，让幼儿轻松地学会正确的洗手方法。

③教师可以准备形状、颜色不同的香皂，激发幼儿洗手的兴趣。放置香皂时要避免二次污染，装香皂的器具要定期消毒。

④教师可以引导幼儿自己制定洗手的规则。

⑤教师可以引导幼儿学习自我管理，比如互相提醒。

2. 喝水环节

（1）管理要点

①教师要为幼儿准备温度适宜的白开水，分组提示幼儿有序、独立接水，安静喝水。同时，教师要提醒幼儿接水时眼睛看着水杯，不要边走边喝，对幼儿聊天、打闹现象应及时提醒、纠正。

②教师应注意把握幼儿的喝水量，运动后出汗过多、天气炎热时可适当增加喝水量。

③教师可以组织大部分幼儿进行过渡环节小游戏，以等待未完成喝水的幼儿。

（2）常见问题

①幼儿不会使用水杯，水接得过多、过满。

②幼儿主动喝水的意识不够，不愿意喝白开水。

笔记栏

③幼儿不能根据身体的需要喝水，喝水过少或过量。

④幼儿喜欢边喝水边玩或聊天。

（3）应对策略

①教师通过示范、练习等方法引导幼儿学习正确使用水杯。对于个别不会使用水杯和容易洒水的幼儿，教师应多加关注，进行个别指导。

②教师可以开展谈话等活动，让幼儿了解喝水的注意事项。

③教师通过示范、图示引导等方法，让幼儿明确接水量。

④教师可以设置“喝水记录表”，激发幼儿主动喝水的兴趣，并根据每个幼儿的喝水记录，及时提醒幼儿喝水，保证每个幼儿都能适量喝水。

⑤教师应视幼儿需要组织集中喝水、分散喝水，如可以在集体活动、户外活动、午睡起床后等时间组织幼儿集中喝水，也可以鼓励、提醒幼儿随时喝水（尤其是生病的幼儿）。

⑥教师应注意观察幼儿喝水的表现，并及时给予指导。

3. 如厕环节

（1）管理要点

①教师准备好卫生纸放到幼儿容易取得的位置，提醒幼儿分性别如厕、整理好衣服、冲水、洗手。

②教师应分层次照顾幼儿：针对小班，教师应允许幼儿按需要随时如厕，饭前、外出、入睡前提醒幼儿如厕，掌握幼儿排便规律。同时，教师要及时帮助尿床、尿裤子和穿脱衣服困难的幼儿，引导幼儿学习擦屁股的正确方法；针对中大班，教师应组织幼儿分性别如厕，对幼儿如厕过程中出现的问题给予正确引导，指导幼儿便后独立擦屁股、整理衣服。

③教师要注意观察幼儿的大小便情况，若发现异常及时与保健医生、家长沟通，采取积极有效的措施，并注意全日观察。

（2）常见问题

①幼儿不敢小便、不会小便，尿裤子的现象时有发生。

②幼儿便后不会自己提裤子、擦屁股，整理衣服不到位。

③幼儿如厕时玩耍、打闹。

（3）应对策略

①教师要带领刚入园的幼儿参观、熟悉盥洗室环境，介绍男孩、女孩的如厕方式。

②每次幼儿如厕时，保证有一名教师在旁看护，随时帮助有困难的幼儿，

3-1-6

笔记栏

边帮边教。

③教师可在盥洗室安装穿衣镜或张贴正确提裤子的步骤示意图，让幼儿按图示提好裤子并对着镜子检查。

④教师可以组织幼儿制定文明如厕公约。

⑤教师应及时评价幼儿在如厕中的表现，并正确引导。

（三）盥洗环节的安全管理

1. 常见的安全隐患

（1）一些盥洗室的空间有限，无法同时容纳所有幼儿，如果幼儿蜂拥而入，很容易发生肢体的碰撞和挤压。此外，一些幼儿在等待时缺乏耐心，喜欢催促正在如厕或洗手的幼儿，可能会引发伙伴间的争执和冲突。

（2）幼儿边洗边玩，很容易把洗手液溅到眼睛里或把水溅到身上，还有可能造成地面积水，稍有不慎会滑倒或摔伤。

（3）饮水环节经常出现幼儿被烫伤的情况，过高的水温或缺少防护措施的茶水桶会增加幼儿烫伤的风险。

（4）一些幼儿园为了省事，免去了给幼儿水杯消毒的环节，而且不加区分，很容易造成疾病传染。

（5）一些幼儿在喝水时喜欢和同伴聊天、打闹，很容易被水呛到或滑倒。

2. 安全管理要点

（1）教师首先要考虑盥洗室能否同时容纳所有幼儿，如条件有限制，可以分批进行，避免幼儿洗手时太过拥挤，妨碍彼此的动作，同时还要教育幼儿学会耐心等待、有序盥洗。

（2）教师应教育幼儿洗手时卷好袖口，不玩水或洗手液，洗完之后要及时擦干，防止衣服溅湿导致幼儿着凉。

（3）水杯要在幼儿使用之前消毒，茶水桶要及时上锁，地面要随时保持干燥。

（4）每个幼儿的水杯应放在固定的地方，并请幼儿记住自己水杯的标记，不与其他幼儿共用水杯，避免水杯污染。

（5）教师应指导幼儿安全、有序地取水、喝水，不推、不挤，喝水时不嬉笑打闹。

（6）教师要提醒幼儿剧烈运动后不要马上喝水，饭前饭后半小时内少饮水。

（7）教师要及时清理卫生间，用拖把拖干卫生间的地面，防止幼儿滑倒。另外，要注意保持卫生间洁净、无垢无味。

笔记栏

三、进餐环节

（一）进餐的意义

幼儿正处于生长发育的关键时期，每天必须从膳食中获得充分的营养物质，才能满足其生长发育和生活活动的需要。幼儿进餐活动是指教师组织幼儿集体进餐的活动，包括早餐、午餐和午点、晚餐，是幼儿园一日生活中保教合一的活动环节，也是幼儿一日生活中至关重要的部分。通过进餐环节，教师可以引导幼儿养成良好的进餐习惯，提升幼儿的生活自理能力。

（二）进餐环节的常规管理

1. 进餐前的准备

（1）教师要注意营造宽松、温馨的进餐氛围，引导幼儿进餐前保持愉悦的心情。

（2）教师应在餐前 15 分钟做好桌面清洁、消毒工作。

（3）教师应指导幼儿自主、有序地做好餐前如厕和洗手。

（4）教师可以引导幼儿参与摆放餐具的活动，要求摆放整齐、轻拿轻放。

（5）教师用形象有趣的语言向幼儿介绍饭菜营养，激发幼儿进餐的欲望。

（6）注意夏季散热、冬季保温，保证幼儿食物温度适中，取来的饭菜放在餐桌安全处，避免烫伤。

2. 进餐中的管理

（1）小班幼儿

①根据幼儿的进食量为幼儿盛饭，做到少盛勤添。

②引导幼儿自己取饭，做到端平、慢走、轻拿轻放。

③鼓励幼儿吃各种食物，不挑食、不偏食、不过食，不浪费食物。

④指导幼儿使用小勺进餐，喝汤时两手端平饭碗，避免洒汤。

⑤对于不会咀嚼、吞咽有困难的幼儿，及时给予帮助。

⑥指导幼儿尝试学习吃带壳、带皮、带核的食物。

⑦引导幼儿不把饭菜放在别人碗里。

⑧关注生病、有食物过敏史、少数民族幼儿的进餐，适当调整食物搭配。

（2）中、大班幼儿

①教师盛饭菜时的动作要轻，根据幼儿的进食量盛适量饭菜。

②提醒幼儿有序端取饭菜，细嚼慢咽、安静进餐，对挑食、偏食以及暴食的个别幼儿给予及时的纠正和帮助。

③鼓励幼儿身体不适时主动告诉教师，根据实际情况及时调整幼儿进餐量。

笔记栏

④指导幼儿学习吃鱼的正确方法。

⑤指导幼儿正确使用筷子。

⑥与家长协调一致，帮助肥胖幼儿适当控制进食量，调整饮食结构。

3. 进餐后的组织

（1）小班幼儿

①帮助、指导幼儿学习饭后擦嘴、洗手、漱口的正确方法。

②指导幼儿学习将餐具分类放在固定的容器里。

③组织幼儿餐后进行安静的区角活动。

④等待幼儿进餐结束后进行湿性扫除。

⑤有计划地组织幼儿餐后散步、户外观察等相对安静的活动。

⑥新生入园初期，教师要向家长详细反馈幼儿的进餐情况，并提出有针对性的建议。

（2）中、大班幼儿

①鼓励幼儿主动整理餐具、收拾食物残渣。

②提醒幼儿餐后自主选择安静的区角活动。

③引导幼儿有序地进行饭后擦嘴、洗手、漱口。

④指导值日生进行桌面、地面的卫生清理工作。

⑤组织幼儿餐后散步、户外观察和自由活动。

（三）进餐环节的安全管理

1. 常见的安全隐患

（1）消极情绪

一些缺乏耐心的教师和保育员，在就餐环节会忍不住催促吃饭较慢的幼儿。盲目催促只会引发幼儿的焦虑情绪和恐惧心理，而且吃得过快、过猛很容易导致食物呛噎。此外，教师在进餐前和进餐过程中对幼儿的批评、指责甚至辱骂、威胁，都会给幼儿进餐造成不良影响。

（2）不良习惯

幼儿用餐时的不良习惯也是导致事故发生的主要原因之一。有些幼儿喜欢边吃边说、东张西望，容易呛到自己；有些幼儿坐姿不正确，双脚叉开或者离其他幼儿过近，很容易绊倒或戳伤别人；有些幼儿习惯用手抓饭或将残渣丢到地上等。这些细节看似微不足道，却都关乎幼儿的健康和安全。

笔记栏

2. 安全管理要点

（1）进餐前

①进餐前，保育老师要注意将装饭菜的盆、桶等放到幼儿不易触及的位置。

②班级教师要保证给幼儿充足的就餐时间，保育老师要根据实际情况灵活配餐（从生活准备环节开始），以免餐点变凉或就餐时间紧张。

（2）进餐中

①教师应当为幼儿提供轻松、愉快的进餐环境，不要批评幼儿，不能让幼儿带着消极情绪吃饭；对幼儿的就餐要求应因人而异，不要过分催促，对于进食速度较慢的幼儿应多给一些时间。

②幼儿进餐时教师应安静地在旁边照顾，注意观察幼儿的食欲，缺乏食欲的幼儿往往在其他活动中也会显得消沉。教师如发现此类幼儿，应仔细分析问题产生的原因，可以在餐前多进行一些活动，帮助其活跃起来，以增进食欲。如果是身体不适的原因，可以适当减少饭菜量，如有异常应及时与保健医生或家长沟通。

③在幼儿进餐的过程中，教师需要指导并帮助幼儿形成良好的生活习惯，如细嚼慢咽，不挑食，不用手抓食物，不弄脏桌面、地面和衣服，骨头、残渣放在指定的地方，要在咽下最后一口饭后再离开就餐区，等等。教师应尽量避免生硬的说教，而要轻声、和蔼地指导幼儿。

（3）进餐后

全体幼儿进餐结束后，教师可组织进行 10 ～ 15 分钟的自由散步活动以帮助消化，注意不要让幼儿奔跑或剧烈运动。

四、午睡环节

（一）午睡的意义

幼儿身体正在发育之中，早晨至中午由于参加集体教育活动和各种游戏活动，幼儿会开始感到疲劳。这时候通过午睡能够恢复体力，大脑也能得到充分休息，为下午活动的顺利开展提供了体力保障。午睡是幼儿在园生活的重要环节，教师要细致观察、耐心指导，进行科学、合理的生活教育，帮助幼儿养成良好的午睡习惯。

（二）午睡环节的常规管理

1. 午睡前的准备

（1）幼儿午睡的房间要保持空气流通，冬季要在午睡前的半个小时关窗以保持室内温度，其他季节应根据空气质量情况开窗通风。

笔记栏

（2）幼儿午睡前拉好窗帘，为幼儿创设一个良好的睡眠环境。

（3）每位幼儿的床铺、被褥、枕头等应该固定，专人专用。

（4）组织幼儿进行散步、听音乐、听故事等相对安静的饭后活动，不宜让幼儿做运动量大的游戏，以保证幼儿安静入睡。

（5）提醒幼儿午睡前上厕所，不带零食、玩具等物品入睡。

2. 午睡中的管理

（1）提示并指导幼儿先将鞋袜整齐脱放在各自的床下，将外套按要求叠放整齐，并摆放在固定位置。

（2）提醒幼儿右侧卧躺下，及时帮助幼儿纠正不良睡姿，特别注意不能让幼儿蒙头睡。

（3）对一时不能入睡的幼儿，教师可用面部表情和手势提醒，或轻轻抚摸、劝慰，引导其入睡。

（4）值班教师应动作轻盈，说话轻声，保持寝室安静，并加强午睡观察是否有异常情况发生。

（5）天冷时注意幼儿是否盖好被子，天热时注意为幼儿擦汗。对于患病的幼儿，应及时做好午睡观察记录。

3. 午睡后的组织

（1）教师可用播放轻音乐、讲故事等多种手段唤醒幼儿，幼儿可分批起床，对于个别起床困难的幼儿，教师应到其身边轻拍或轻声将其唤醒。

（2）有秩序地组织幼儿起床，教师应检查幼儿的衣服、鞋袜是否穿戴整齐，避免穿反鞋、穿错衣裤、不穿袜子的情况发生。

（3）幼儿起床后要做好午检，摸幼儿额头试温，观察幼儿的精神状态和身体情况，根据当日气温为幼儿增减衣服，并及时组织幼儿分批如厕。

（4）每个幼儿起床后指导其喝水，补充水分。

（三）午睡环节的安全管理

1. 常见的安全隐患

（1）不良睡姿

一些幼儿睡觉时不稳定，会有蹬被子、将胳膊裸露在被子外等情况，容易着凉感冒；一些幼儿有蒙头睡觉或趴着睡觉的习惯，这些不良睡姿容易造成幼儿窒息。

（2）吞咽异物

一些幼儿会偷偷地将玩具或者剪刀等危险物品带入午睡室，趁教师不注意的时候拿出来摆弄，可能会造成异物卡喉或受伤。

笔记栏

（3）突发情况

幼儿午睡时有可能会突发抽筋、呕吐、尿床等情况。也有一些患先天性疾病（如心脏病、原发性癫痫）的幼儿在午睡时可能会突然发病。如果幼儿患有重感冒、哮喘或肺炎等疾病，午睡过程中也可能出现意外情况。

2. 安全管理要点

（1）午睡前

首先，教师要排除午睡环境中存在的危险因素，要取下女孩头发上的发夹、头饰，谨防幼儿将尖锐、坚硬或细小的物品，如剪刀、小刀、缝衣针、纽扣、豆子等带进寝室；其次，室内外温差要控制在10摄氏度以内，防止幼儿着凉，如果是夏天或冬天，教师应当提前20分钟打开空调。

（2）午睡时

教师要加强午睡过程中的巡视。教师要随时关注幼儿午睡时的情绪和睡姿，及时应对幼儿的情绪变化与需求，如帮助幼儿盖好被子，纠正不良睡姿，天气炎热时用毛巾为幼儿擦汗，照顾入睡困难、有特殊需要的幼儿（尿床儿、病儿）等。幼儿午睡过程中教师最好不要随意离开午睡室，离开时务必请搭班教师代为看护。

（3）午睡后

教师要提醒幼儿起床时注意穿衣顺序，对于穿衣困难的幼儿应及时给予帮助（可请已经穿好的幼儿帮忙），教育幼儿穿好衣服后不乱跑，坐在小床边等待，保证幼儿在教师的视线范围内。

五、离园环节

（一）离园的意义

离园是幼儿在园一日活动的最后一个环节，也是教育过程中不可忽视的重要环节。它不仅是幼儿在园一日活动整体状况的展示，还是家长了解幼儿园的一个窗口。离园活动开展得好，可以使幼儿在园一日活动有一个圆满的结束。经历了一天丰富多彩的生活，幼儿获得了诸多的情感体验，因此，如何利用好离园这段短暂的时间，有计划地组织幼儿离园，为幼儿愉快的一日生活画上圆满的句号，是每一位幼儿教师需要思考的问题。

（二）离园环节的常规管理

1. 离园前的准备工作

（1）幼儿生活自理方面的提示和检查

幼儿离园前，教师要提示或指导他们清洁仪表、整理衣裤、系好鞋带，查

笔记栏

看幼儿脸上是否留下污渍，头发是否凌乱，穿戴是否整齐。对于年龄较小或生活自理能力较弱的幼儿，教师还要检查是否有尿湿、汗湿等情况。若有，教师应及时为幼儿更换洁净的衣物。

（2）组织安静、有趣的室内活动

幼儿等待离园时，教师应组织一些适合在室内开展的、活动量较小的、安静而有趣的活动，牢牢吸引幼儿的注意力，可大大减少幼儿因情绪兴奋带来的安全隐患，使离园活动变得安全、有序。

（3）随时清点幼儿人数

幼儿离园时，一名教师组织幼儿进行活动，另一名教师站在班级门口处，一边接待家长一边关注班中幼儿的活动情况。每有一名幼儿被接走，教师要做好记录并随时清点幼儿人数。当幼儿全部离园后，教师应再次检查班级中的每个角落，以防遗漏幼儿。

2. 离园中的交接工作

（1）准确识别家长

幼儿离园时，教师要准确识别家长，亲自将班级中的每一位幼儿交到其家长手里，确保交接安全。因此，每接一个新的班级，教师都应快速记住幼儿的姓名以及经常来接送幼儿的家长，要做到看到家长的面孔就能说出相应幼儿的姓名。

（2）妥善处理“代接”问题

“代接”是指幼儿家长因事不能亲自来接幼儿而请亲属、朋友或同事代替接幼儿离园。由他人代替家长接幼儿离园一般有以下两种情况：

第一种是家长已经用书面的形式向教师说明了自己不能前来接幼儿的原因，而委托某人来接以及确认的方式。教师可按照家长的嘱托，对前来接幼儿的人进行询问，并与家长联系确认其身份，得到家长认可后，才能将幼儿交给代接的人。

第二种是家长事先没有告诉教师自己不能来接幼儿，也没有给予书面说明。教师应及时与家长取得联系，核实代替家长来接幼儿的人员情况。同样，教师在准确核实并获得家长许可后，才能将幼儿交给代接的人。

（3）认真交接幼儿物品

教师要细心与家长交接幼儿的物品。离园环节涉及的幼儿物品交接主要有以下三类：

①幼儿衣物。幼儿离园时如果需要增添衣服，如戴上帽子、围巾等，教师应指导家长从幼儿储物柜中取出幼儿衣物，在活动室门口帮助幼儿穿戴好。如果幼儿当天有浸湿、尿湿的衣物，教师应清洗、晾晒后叠放整齐，幼儿离园时交给家长，并向家长说明情况。

笔记栏

②幼儿药品。对于带药来园服用的幼儿，教师应在幼儿离园时主动向家长介绍幼儿服药前后的情况。幼儿服用后剩余的药品教师应及时退还给家长，并在交接记录本上做好记录。如果第二天幼儿需要继续在园服用该药，教师可请家长再次将药带来。

③通知和文字材料。幼儿离园时家长来园相对集中，是教师发布通知或发放文字材料的较好时机。有事情需要通知家长时，教师可提前将通知张贴在班级宣传栏中，并在幼儿离园时提醒家长认真阅读。

离园交接工作与家长重点交流的问题

1. 家长交代的事情，幼儿离园时教师应主动向家长反馈，将自己对幼儿的观察以及护理情况与家长做精炼、有效的交流。

2. 幼儿离园时教师应在家长面前表扬幼儿当天的进步，告知家长幼儿存在的缺点时要讲究方式，要以鼓励的口吻提出希望，如“天天今天是第一个举手朗诵儿歌的，非常主动。如果以后中午睡觉时不和小朋友随便讲话就更棒了”。

3. 如果幼儿在园内发生了意外伤害，伤情严重的，教师应在第一时间告知家长；指甲划伤、磕碰等小伤，教师可在幼儿离园时主动告知家长，要实事求是地讲述事情发生的经过及处理措施。

4. 若幼儿出现流鼻涕、咳嗽等变化，教师应告知家长，提醒家长回家后注意观察并采取护理措施；若幼儿在游戏中与同伴发生争吵或其他原因导致情绪不好，教师应主动向家长说明，并向家长提供一些帮助幼儿调整心情的方法与建议。

5. 幼儿进食、喝水、睡眠及如厕等家长需要了解的情况，教师应主动与家长沟通。

3. 离园后的整理工作

（1）幼儿活动区角的整理

离园时，教师可和幼儿一起整理各个活动区，将玩具、材料等摆放整齐，发现坏了或旧了的材料应及时修理或用新的材料替换。教师组织幼儿适当劳动，既有利于培养幼儿的自理能力，又有利于促进幼儿为集体服务的意愿。

笔记栏

(2) 整理玩具柜及桌椅

幼儿离园后，教师应将玩具柜、桌椅归位，摆放整齐。

(3) 整理教师教学用品

教师应有良好的整理习惯，使用后的教学用品不随手乱放，应及时收放整齐。

(4) 幼儿活动区角的清洁与消毒

教师要对幼儿活动室、盥洗室、卫生间进行清洁、消毒。

(5) 准备次日生活用品

幼儿在园所需的生活消耗用品有肥皂或洗手液、餐巾纸、护手霜、卫生纸等，教师要检查这些生活用品数量是否能满足次日所需。

(6) 准备幼儿活动材料

教师要按照教育计划中的内容，将次日开展教学活动、游戏活动、户外体育活动、生活活动所需要的材料准备好。

（三）离园环节的安全管理

1. 常见的安全隐患

(1) 离园是一日生活的最后环节，也是成人和幼儿都容易放松警惕的时刻。一些教师只顾和家长交谈而忽略了在一旁玩耍的幼儿，一些幼儿因为奔跑过猛，很容易摔伤或碰伤。

(2) 在交接环节，应注意防止外来人员侵害。一些幼儿园的门卫管理不严，给了外来人员浑水摸鱼的机会；一些幼儿园只认接送卡不认人，外来人员拿着捡到或偷来的接送卡冒领孩子；还有一些别有用心的人骗领孩子等。

2. 安全管理要点

(1) 教师必须严格确认接幼儿的家长。如果来接幼儿的是教师不熟悉的人（包括幼儿的亲人），或幼儿表现出犹豫和不情愿的时候，教师一定要谨慎，只有在得到幼儿直接监护人的确认信息后才能将幼儿交给对方。

(2) 教师要配合家长做好交接工作，对于生病或当天表现异样的幼儿，可向家长做简单的交代。如果幼儿在园期间遭受了意外伤害，无论大小，一定要及时告知家长，并讲明原因，以免造成不必要的误会。

(3) 教师应确保所有幼儿都已安全离园后再离开，离园之前需拔下电器插头，关好门窗。

多种渠道进行班级安全教育

步骤二 任务实训

1. 案例分析。

今天和往常一样，在结束了最后一个环节“传话”游戏后，等在幼儿园门口的家长早已经迫不及待地为孩子拿书包，领孩子回家。这时候，李老师神色慌张地过来问：“沐沐呢？”与此同时，李老师快速地在人头攒动的教室中寻找，可是找了两遍仍没看到沐沐的身影。

“孩子会去哪里呢？厕所里没有，走廊也没有。”正当李老师想着孩子有可能去的地方时，小宝妈妈突然问起了小宝的去向。李老师心头一惊，今天怎么啦？难道沐沐和小宝一起躲起来了？两个孩子同时消失，这可是从来没有发生过的事情。

正在李老师心急如焚的时候，陆老师带着沐沐和小宝回来了。原来，他们一起去了楼上的活动室。出于一些特殊原因，原本当天上午进行的室内活动取消了。沐沐和小宝一心想着室内的活动“机器人”，下午离园前，他们趁着大家喝水、上洗手间的时候悄悄来到活动室，但还没来得及拿到“机器人”，就被“发现”了。

（1）面对这样的离园问题，你有什么好的解决办法吗？

（2）小组讨论，想一想幼儿教师应该如何做好离园中的交接工作？

（3）结合本案例及所学知识，谈一谈你对“离园环节是容易放松警惕的时刻”这句话的认识。

2. 根据幼儿年龄特点，尝试制订一份小班上学期的生活管理计划。

◎小班上学期生活管理计划：

3. 根据本任务所学知识，对一日生活常规及安全管理的要点进行梳理。

◎入园：

◎盥洗：

◎进餐：

◎午睡：

◎离园：

步骤三　思考提升

1. 幼儿园晨检工作包括哪些主要环节？幼儿教师要特别注意哪些事情？
2. 幼儿进餐过程中有哪些常见的安全隐患，幼儿教师该如何应对？
3. 幼儿教师应如何做好离园环节的安全管理工作？

步骤四 任务评价

序号	评价要点	评分依据	分值范围	教师评分
1	对入园晨检环节的常规管理和安全管理内容的掌握情况	要求学生针对所应掌握的相关内容形成文字材料，提交给教师作为评分依据	0~10 分	
2	对盥洗环节的常规管理和安全管理内容的掌握情况		0~10 分	
3	对进餐环节的常规管理和安全管理内容的掌握情况		0~10 分	
4	对午睡环节的常规管理和安全管理内容的掌握情况		0~10 分	
5	对离园环节的常规管理和安全管理内容的掌握情况		0~10 分	
6	学生课前准备及课堂表现情况	1. 课前准备材料需提交给教师作为评分依据 2. 教师根据学生在课堂上的表现或个人突出表现进行评分	0~15 分	
7	在“任务实训”环节的表现情况	1. 依据实训中的个人表现评分 2. 依据实训中文字材料的丰富性评分 3. 依据实训优异程度评分	0~20 分	
8	“思考提升”的完成度	1. 依据文字材料评分 2. 依据完成优异情况评分	0~15 分	
得分（总成绩 100 分）				
教师评语				

笔记栏

任务二 一日教育活动常规及安全管理

任务背景

一日教育常规是指幼儿在园一日教育活动中需要遵守的规则和规定。建立良好的一日教育常规，不仅能够培养幼儿在教育活动中具备良好的自控能力、规则意识和行为规范，还能让幼儿更好地参与教育活动。良好的教育活动常规有利于建立良好的活动秩序，教师可以轻松、愉快地开展教学工作，从而提高教育教学的质量。当然，幼儿的安全是班级教育活动管理的重中之重。做好班级一日教育常规及安全管理，是每个幼儿教师必须学习和掌握的技能之一。

任务目标

1. 了解早操和课间操活动的意义、常规管理和安全管理的要点。
2. 了解班级集体教学活动的意义、常规管理和安全管理的要点。
3. 了解游戏和区角活动的意义、常规管理和安全管理的要点。
4. 了解户外体育活动的意义、常规管理和安全管理的要点。

任务准备

幼儿园一日教育活动管理的相关案例、图片、视频。

任务实施

步骤一 知识梳理

一、早操和课间操活动

（一）早操和课间操的意义

早操和课间操是幼儿一日生活的开端，合理、有效地组织幼儿开展早操和课间操活动，对促进幼儿身体正常生长发育、提高幼儿体质具有重要意义。在幼儿园开展早操和课间操活动，不仅可以培养幼儿合群、协作的集体主义精神，塑造幼儿勇于克服困难、敢于吃苦的优良品质，还增强了幼儿和教师、同伴之

3-2-1

笔记栏

间的情感交流，使幼儿精神饱满、情绪愉快，为幼儿园一日活动做好充分的准备。

（二）早操和课间操的常规管理

1. 早操和课间操前

（1）提醒幼儿喝水、如厕、检查着装，并根据气候及身体需要增减衣服。

（2）检查场地和器械安全，并指导中、大班幼儿做好器械准备。

（3）组织幼儿列队，有序前往活动场地。

2. 早操和课间操中

（1）教师面向全体幼儿带领幼儿做操，示范动作要规范、到位。

（2）教师要留意观察幼儿的做操情况，根据幼儿的个体需要给予帮助，及时处理运动中的突发事件。

（3）教师应尊重幼儿的个体差异，做操时对年龄小或动作不到位的幼儿不要急于纠正，可边说边示范，鼓励幼儿逐步学会按节奏、口令做动作。

3. 早操和课间操后

（1）组织幼儿收拾器械、整理场地。

（2）组织幼儿列队，稳定情绪，有序前往下一个场地或有序进入教室。

小朋友叠衣服

（三）早操和课间操的安全管理

1. 常见的安全隐患

（1）幼儿着装不当，做操时很可能会因为鞋带松动而被绊倒，或因为腰上的束带被钩住而造成创伤。

（2）幼儿下楼时，推挤、跑跳容易引发摔伤、碰伤事故。

（3）做操过程中，幼儿因距离过近、相互碰撞而引发的安全事故。

2. 安全管理要点

（1）做操之前教师要清点人数，检查幼儿的鞋带是否系好，衣服应适量并穿戴整齐。

（2）在组织幼儿下楼的时候，必须一前一后有两位教师护送、叮嘱幼儿。

（3）教师在带领幼儿做器械操之前，帮助幼儿调整彼此之间的距离，检查器械的安全性，防止在做操的过程中因相互碰撞、器械滑落等给幼儿带来伤害。

（4）早操和课间操后，提醒幼儿擦汗和有序喝水。

（5）身体不舒服的幼儿可以不出操。

笔记栏

二、班级集体教学活动

（一）班级集体教学活动的意义

科学组织与实施幼儿一日生活是幼儿园规范化管理的重要体现。班级集体教学活动就是教师在了解和把握幼儿身心发展特点与生活习惯的基础上，通过有计划、有组织地开展活动帮助幼儿获得知识的过程。它是一种明确便捷、系统有序、迅速有效地作用于幼儿的教学方式。全班幼儿在同一时间学习相同的内容，并以相同的速度与方式进行学习。这种教学形式有利于教师在活动中发挥主导作用，有序地把控教学过程，从而提高幼儿园的教学水平。

（二）班级集体教学活动的常规管理

1. 班级集体教学活动前的准备工作

（1）班级集体教学方案的设计和教学物品、材料的选择、清洁、消毒。

（2）课前稳定幼儿的情绪，教幼儿听信号坐好，并根据幼儿的不同情况给予适宜的指导。

2. 班级集体教学活动中的管理工作

（1）围绕制定的活动目标进行，选择生动有趣的教学方式，吸引幼儿的注意力，并根据幼儿的年龄特点控制好集体教学的时间，避免幼儿大脑疲劳。

（2）提醒幼儿保持端正的坐姿，能专心倾听别人讲话，不随便插话。积极思考老师提出的问题并大胆表述自己的想法，回答时声音响亮。

（3）注意幼儿说话、唱歌的声响，保护幼儿的声带。

（4）指导幼儿正确操作学具材料，爱惜物品，避免造成外伤，操作完放回指定地方并摆放整齐。比如，使用剪刀的正确方法是：两个手指分别伸进剪刀把的圈中，手不能摸刀刃部位，递给别人剪刀时，要将剪刀合好，手拿剪刀片部位递过去，剪刀用完后轻轻放回盒子中。

（5）指导幼儿掌握写、画时握笔和坐的正确姿势。比如，上课时的正确坐姿是：双脚自然并拢平放，双手平放在膝盖上，长时间坐着时可以轻轻地靠在椅背上；绘画、写字时要做到：上身与桌子保持适当的距离，双脚自然平放，上身不歪斜，眼物距离适当。

（6）注重幼儿实际动手操作，寓教于乐，采用直观教学法，注重对个别幼儿的指导。

（7）关注幼儿在集体教学活动中的表现，敏感地察觉他们的需要，及时地以适当的方式满足幼儿的需要，形成积极、有效的师幼互动。

笔记栏

3. 班级集体教学活动后的整理工作

（1）指导值日生协助教师收拾、整理学具、玩教具及材料。

（2）注意幼儿作品的保存，作品要注明幼儿的班级、姓名、日期等基本信息。

（三）班级集体教学活动的安全管理

1. 常见的安全隐患

（1）幼儿走失。上课开始前教师需清点幼儿的人数，对于缺席的幼儿应做好考勤记录，防止幼儿走失。

（2）活动秩序混乱。无论教师开展哪一领域的教学活动，都要保证幼儿有良好的活动常规，否则集体教学活动就可能进行不下去，还可能发生意外。

（3）活动场地过于狭小。活动场地需足够大，否则容易造成幼儿在操作时互相碰撞。

（4）操作材料不足。教师要准备足量的材料，防止幼儿因哄抢而发生安全问题。

（5）忽视个别幼儿。集体教学活动中教师往往关注大部分认真听讲的幼儿，个别幼儿会自己把玩身上的扣子、拉链、衣帽、带子等，或者与旁边的幼儿打闹，也可能会发生安全问题。

2. 安全管理要点

（1）教师对于集体教学活动的安全系数要有预见性，随时注意观察幼儿的活动情况，要及时发现问题、妥善处理。

（2）教学活动前，教师要对学具、教具、玩具及活动场地等进行检查，对不利于幼儿活动和安全的物品要及时清理。

（3）教师要注意课上的安全教育，如需幼儿进行操作，必须教给幼儿正确的操作方法，以免发生意外伤害。比如，绘画课上，教师应提醒幼儿不要将颜料和画笔放进嘴里，不能拿画板打闹，不能拿笔尖对着其他小朋友，以免误伤他人，绘画结束后要记得洗手。

（4）使用电器教材时，电源、插头、电线等要规范使用，防止幼儿触摸，用完应立即切断电源。

（5）教具的摆放要合理、稳固，便于幼儿取放。

（6）每周设置一堂安全教育课，内容可以包含“交通安全”“饮食安全”“用药安全”“玩具安全”“用电安全”“用火安全”“着装安全”等，让幼儿知道身边存在哪些危险，遇到这些危险应该怎么处理。

笔记栏

三、区角活动

（一）区角活动的意义

区角活动是幼儿的一种重要的自主活动形式，是指教师根据教育目标和幼儿发展水平，有目的、有计划地投放各种材料，创设活动环境，让幼儿在轻松的环境中按照自己的意愿和能力，选择学习内容和活动伙伴，主动地进行探索与交往，达到最佳的学习效果。区角活动有着相对开放的环境、宽松的活动氛围，灵活多样的活动形式可以促使幼儿自主参与学习，锻炼幼儿的动手操作能力，增强幼儿的表现力，促进幼儿交往能力及社会性的良好发展。教师要充分发挥区角活动的作用，使幼儿的潜能和个性在区角活动中得以发展。

角色区游戏：美味餐厅

（二）区角活动的常规管理

1. 区角活动的准备工作

（1）为幼儿的区角活动创设条件，提供区角活动的时间、场所和充足的玩具材料。

（2）和幼儿一起制定区角活动规则，并引导幼儿遵守规则。

2. 区角活动的指导工作

（1）指导幼儿爱护游戏室内的物品，不要损坏区角材料，因游戏需要可对原材料进行加工，加工后的边角料需要及时清理。

（2）认真观察幼儿区角活动情况，解读幼儿的游戏行为，了解幼儿的游戏需求，并根据情况组织幼儿共同收集游戏所需要的材料。

（3）充分挖掘和利用区角活动中的教育契机，组织幼儿在游戏后进行交流、分享，组织形式和分享话题可根据实际情况选择。

3. 区角活动的整理工作

（1）指导幼儿游戏后进行有序整理，所有材料物归原处。

（2）做好活动情况登记，检查物品归位情况，及时切断电源。

（3）对区角内可水洗的玩具和材料进行清洗消毒，对无法水洗的玩具和材料进行擦拭消毒，保持室内卫生。

（三）区角活动的安全管理

1. 常见的安全隐患

（1）活动区场所设置比较分散，通常不在同一空间。教师在巡回指导或正在指导个别幼儿游戏时，其他区角里的幼儿有可能会因为嬉戏、争抢、打闹等发生危险。

笔记栏

（2）幼儿在某个区角进行一段时间的游戏后，开始更换区角进行其他游戏（年龄小或者注意力集中时间不长的幼儿更换得更频繁），在更换过程中容易发生绊倒、摔伤等。

（3）幼儿在自由活动时，精神状态比较放松，他们对新事物的强烈好奇心和探究欲望往往使他们意识不到危险的存在。幼儿对物体上的一些大洞、小洞都比较感兴趣，看到了会用手指去抠、去挖，有时会很难再从洞里将手指拔出来。

（4）教师为了丰富幼儿的游戏内容，经常会提供多种不同质地的材料供幼儿操作。如用橡皮泥、纸黏土等制作一些栩栩如生的香肠、小包子、饺子、饼干、巧克力等食物模型，幼儿往往会以为是真的而放到嘴里吃。

（5）美工区的材料多样化、操作性强，幼儿在使用一些尖锐的材料时比较容易发生危险，如幼儿在使用牙签、十字绣的针、麻辣烫的串签、剪刀等尖利物品的过程中发生嬉戏、打闹，就可能会划伤对方或自己。

（6）教师经常会在科学区投放各种镜子、万花筒等易碎材料，幼儿在不断探索的过程中，难免会出现打碎玻璃制品、洒落圆形小物品等情况，从而引发危险。

（7）积木区中体积较大的一些实体积木比较重，棱角分明，幼儿在拼摆的时候可能会被误伤。

2. 安全管理要点

（1）教师要保持高度的警惕性和责任心，不断地在每个活动区巡回观察幼儿的行为表现，随时为幼儿答疑解惑。活动区分动、静区域，教师要心中有数，知道哪个区域比较容易发生安全问题，对在这些区域中游戏的幼儿应多加关注。

（2）教师在设置活动区时，应在每个区域之间留出足够幼儿进出的通道，保证幼儿更换区域时的通畅。在面积窄小的地方或者通道中，不要放置容易磕绊的物体或者有棱角的桌椅。另外，在日常区域互动时教师要注意培养幼儿良好的游戏习惯，更换活动区时不到处跑动，培养幼儿的安全意识。

（3）教师要经常检查班级中幼儿能够触碰到的物品，如玩具、柜子、桌椅等是否有损坏，损坏的地方要及时修理，避免幼儿去碰触、探究。对于活动区中幼儿能够看到、摸到的电源插头，教师要巧妙地遮盖、固定，尽量不让幼儿看到或抠开，并坚持定期检查。

（4）角色区内投放的成品材料和教师自己制作的辅助材料要保证安全、无毒、卫生。在角色区进行游戏前教师应指导幼儿使用玩具并特别说明使用玩具

笔记栏

时的注意事项，尤其是食品类玩具要特别说明以防止幼儿误食。在实际的游戏环节教师应适时地加入其中，关注个别现象并加以指导。定期检查是否有损坏的玩具，及时清理更换，避免幼儿被划伤。

（5）用竹棍、剪刀、针线、牙签、胶带等进行游戏时，教师应引导幼儿安静地操作物品。在座位的安排上，幼儿与同伴间要留有一定距离，避免碰伤。在收放材料时，要重点检查危险材料是否归位或短缺，以免留下安全隐患。

（6）在科学区投放镜子、万花筒等易碎材料时，教师要引导幼儿轻拿轻放，如果摔到了地上，不要用手捡。科学区的创设尽量与相对安静的区域相邻，以免幼儿由于分散注意力而导致操作失控。另外，科学区要留有足够幼儿操作、走动的空间，如果地方有限，要控制活动人数，避免因幼儿拥挤导致碰撞事故发生。

（7）教师要投放安全、无毒的积木让幼儿进行搭建。此外，教师要随时关注幼儿在活动中的表现，当幼儿之间发生冲突时，要及时予以关注，防止幼儿间发生攻击性行为。

四、户外体育活动

（一）户外体育活动的意义

健康是幼儿发展之本，体育活动是实现幼儿健康发展的重要途径，户外体育活动是幼儿整体教育活动的重要组成部分。《幼儿园教育指导纲要（试行）》中明确规定幼儿园要“开展丰富多彩的户外游戏及体育活动，培养幼儿参加体育活动的兴趣和习惯，增强体质，提高对环境的适应能力”。《幼儿园工作规程》指出，幼儿每日的户外体育活动时间不得少于一小时。进行适当的户外锻炼，既可以提高幼儿对外界气温变化的适应能力，又可以激发和恢复幼儿主要器官的机能，促进幼儿身心健康发展。

（二）户外体育活动的常规管理

1. 户外体育活动前的准备工作

（1）根据体育活动的内容准备器械，清理场地，检查有无异物，确保活动场地和运动器械安全。

（2）组织幼儿活动前如厕、洗手、列队，检查并帮助幼儿整理好衣服。

（3）准备好干毛巾，帮助出汗的幼儿擦汗。

2. 户外体育活动中的管理工作

（1）教师带领幼儿进入活动场地，注意调整行进速度。

（2）体育活动的组织指导、口令及示范动作要标准，注意以图示、口令等形式帮助幼儿掌握规则。

笔记栏

（3）观察幼儿在活动中的表现：活动情况、出汗量、幼儿与教师的互动、幼儿之间的互动，对体弱幼儿要特别注意观察护理。

（4）教师的站位以中间为宜，要让所有幼儿都能看到。

（5）教师在安排体育活动的过程中要注意动静交替，科学、合理地安排幼儿的运动量。区角设置既要考虑运动量大的活动，也要考虑运动量小的活动，而且应该根据季节进行调整。

（6）提醒幼儿注意安全，进行自我保护，避免事故发生。若发生意外应立即报告并妥善处理。

3. 户外体育活动后的整理工作

（1）提醒并帮助幼儿增减衣物。

（2）活动结束时整理器械。

（三）户外体育活动的安全管理

1. 常见的安全隐患

（1）着装不当

幼儿进行体育活动时穿着太长的裙子或太大的衣服容易被绊住；奔跑时很可能会因鞋带松动而被绊倒，或因为腰上的束带被钩住而造成创伤；还可能被外套帽子上的细绳卡住脖子而导致窒息。教师也要着装得当，以舒适、方便为主，裙子不能过短或过长，鞋跟也不宜过高，以免当幼儿发生意外时，不能及时给予救助。

（2）运动过量

有些教师为了锻炼幼儿的体能，喜欢安排较多的活动，而且活动过程中习惯统一要求，不考虑个体差异。幼儿正处于生长发育期，身体内的器官、组织尤其是心血管系统还未发育成熟，长时间、大量的体育活动不仅会对幼儿的身体造成损害，还可能导致幼儿因心脏负担过重而昏厥，甚至是“猝死”。

（3）监控难度大

幼儿在体育活动过程中往往比较分散，不便管理，而且幼儿喜爱模仿，经常会模仿动画片或影视剧中的危险动作，因此在体育活动过程中可能会出现各种难以预料的危险情况。

2. 安全管理要点

（1）体育活动前的准备

①提醒幼儿在体育活动前相互检查服装，系好衣扣和鞋带，同时要检查幼

儿是否携带危险物品。

②首先，教师要带领幼儿做好热身活动，以防突然的剧烈运动造成拉伤、扭伤，其次要注意动静交替，防止活动过量。

③教师带领幼儿上下楼梯时，要保证所有幼儿在自己的视线范围之内，最好做到一位教师在前领队，一位教师在队尾观察。

（2）运动中的护理

①幼儿的活动密度要适宜，最好分场地、分时间段进行活动，避免因过于拥挤而出现意外。

②在玩大型玩具，如滑梯、攀登架时，教师要维持好秩序，及时给予幼儿必要的帮助及安全提示。

③教师应当与保育人员密切配合，时刻保证幼儿在成人的视线范围内，以便及时处理突发事件。

（3）运动后的整理

运动结束后，教师首先要清点人数，最好请幼儿帮忙一起收拾、整理器械和玩具。教师可以在整理的过程中传输一些安全常识，如搬运重物时怎样保持平衡、放置物品时有什么注意事项等，同时检查运动器械是否放置到位。

步骤二 任务实训

1. 以小班幼儿为例，讨论教师应如何组织早操和课间操活动、活动过程中需要特别关注哪些安全问题。

◎组织技巧：

◎安全问题：

2. 讨论如何有效地组织幼儿园户外体育活动。根据小班幼儿的年龄特点，尝试制订户外体育活动的实施方案。

◎分析讨论：

◎组织技巧：

3. 搜集幼儿园区角活动实例，讨论幼儿教师如何有效组织、约束、调整幼儿行为，从而帮助他们逐渐形成明确、统一、可持续发展的规则意识。

◎案例：

◎分析讨论：

◎小组总结：

步骤三　思考提升

1. 观摩一次幼儿教师的教学活动，说一说怎样才能组织好一次集体教学活动。

2. 深入当地托幼机构，观察区角活动材料的管理包括哪些内容。在班级管理中如何使区角活动管理更加合理有效？

步骤四 任务评价

序号	评价要点	评分依据	分值范围	教师评分
1	对早操和课间操活动常规管理和安全管理内容的掌握情况	要求学生针对所应掌握的相关内容形成文字材料，提交给教师作为评分依据	0~10 分	
2	对班级集体教学活动常规管理和安全管理内容的掌握情况		0~10 分	
3	对区角活动常规管理和安全管理内容的掌握情况		0~10 分	
4	对户外体育活动常规管理和安全管理内容的掌握情况		0~10 分	
5	学生课前准备及课堂表现情况	1. 课前准备材料需提交给教师作为评分依据 2. 教师根据学生在课堂上的表现或个人突出表现进行评分	0~20 分	
6	在“任务实训”环节的表现情况	1. 依据实训中的个人表现评分 2. 依据实训中文字材料的丰富性评分 3. 依据实训优异程度评分	0~20 分	
7	“思考提升”的完成度	1. 依据文字材料评分 2. 依据完成优异情况评分	0~20 分	
得分（总成绩 100 分）				
教师评语				

项目四 班级环境创设

古为今用

古文：

随风潜入夜，润物细无声。

——〔唐〕杜甫《春夜喜雨》

今用：

“随风潜入夜，润物细无声”的意思是雨随着春风在夜里悄悄地落下，悄然无声地滋润着大地万物。班级环境是幼儿在园生活时间最长的地方，环境是重要的教育资源，应通过环境的创设和利用，有效地促进幼儿的发展。班级环境具有潜移默化的作用，可以起到“润物细无声”的效果，创设与教育相适应的良好环境，为幼儿提供活动和表现能力的机会与条件，促进每个幼儿健康地成长，是每个幼儿教师义不容辞的责任。本项目为学生梳理班级物质环境、心理环境创设的基本知识，主要包括室内环境、墙面环境、区角环境的创设，师幼关系、幼儿同伴关系、教师同事关系、教师家长关系的管理，让学生在主动、积极的思考中理解室内环境、墙面环境、区角环境创设的意义、原则，以及班级心理环境创设的内容和方法，达到学以致用的目的。

学习目标

1. 知识目标：了解室内环境、墙面环境、区角环境创设的意义、原则和方法。
2. 技能目标：掌握师幼关系、幼儿同伴关系、教师同事关系、教师家长关系管理的内容和方法。
3. 素质目标：在幼儿园班级环境创设过程中，能够注重培养幼儿的参与意识。
4. 思政目标：能够为幼儿营造积极、阳光的学习和生活环境，培育正确的价值观。

学习建议

幼儿园班级环境的创设有利于对幼儿进行生动、直观、形象的综合性教育。教师在环境创设时不仅要以幼儿为本，还应体现出教育意义，比如，形象地融入社会主义核心价值观的内容，使幼儿在生活和学习的环境中得到全方位的信息刺激，激发幼儿的积极性，使幼儿获得情感的体验和知识的启迪，从而促进幼儿的全面发展。

思维导图

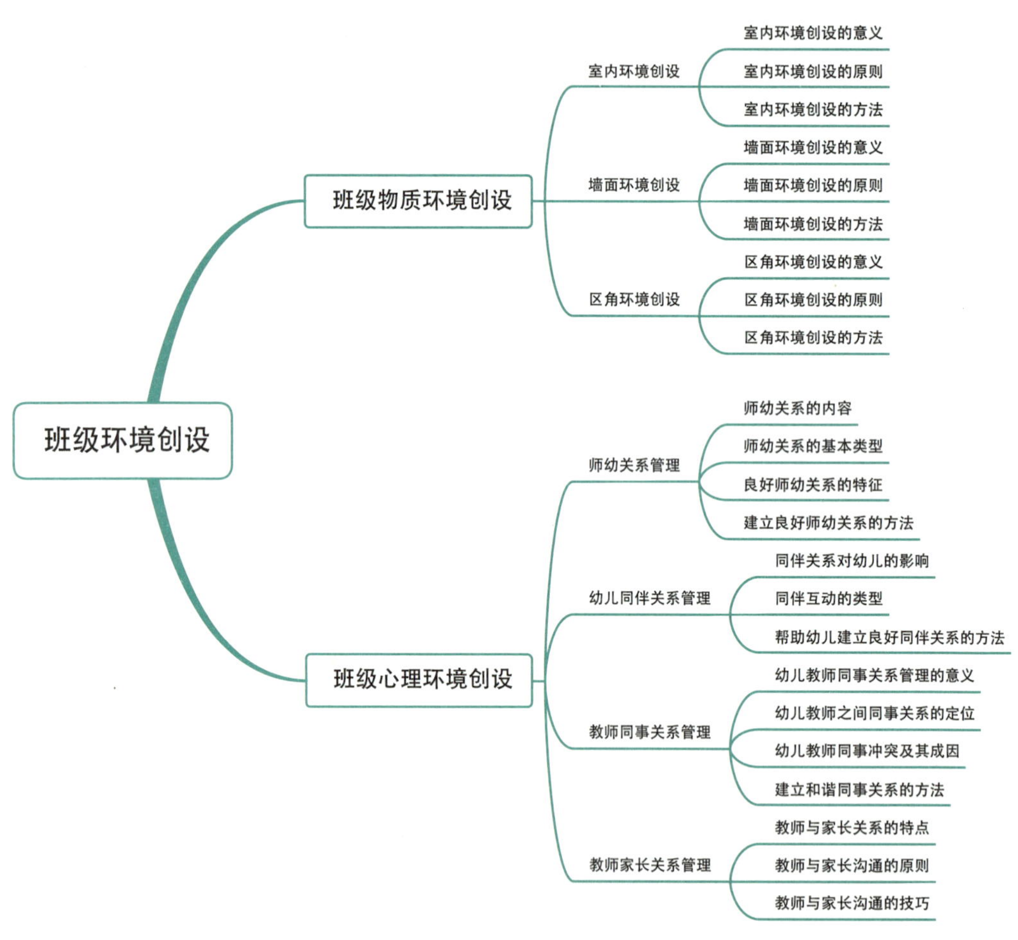

笔记栏

任务一 班级物质环境创设

任务背景

幼儿园是孩子成长的乐园，因此环境是孩子的，所呈现的一切内容应符合幼儿审美的需要、发展的需要。班级物质环境主要是指班级空间的设计与利用，活动材料的数量、种类、选择与搭配等，主要通过班级室内环境创设、墙面环境创设、区角环境创设等展现。良好的班级物质环境作为一种重要的教育资源，对幼儿的身心发展具有积极作用。如何创设适合幼儿发展的物质环境，是每个幼儿教师需要认真思考的问题。

任务目标

1. 了解室内环境、墙面环境、区角环境创设的意义、原则。

2. 掌握室内环境、墙面环境、区角环境创设的方法，并能运用这些方法创设班级物质环境。

任务准备

幼儿园环境创设对幼儿的价值

幼儿园班级物质环境创设的照片。

任务实施

步骤一 知识梳理

一、室内环境创设

（一）室内环境创设的意义

幼儿的发展是在与周围环境的相互作用中实现的，良好的教育环境对幼儿的身心发展具有积极的促进作用。幼儿园班级是幼儿学习、生活与游戏的场所，幼儿每天看到的、接触最多的是班级环境。幼儿教师应该充分发挥环境这一“隐性课程”在开发幼儿智力、促进幼儿个性发展等方面的教育作用，让幼儿在与良好的班级环境的互动中得到全面、和谐的发展。

笔记栏

（二）室内环境创设的原则

1. 安全性原则

安全问题是幼儿园第一大问题，在进行班级室内环境创设时，自然也应将环境的安全性放在首位。因此，教师在创设班级室内环境时应积极、主动地消除环境中可能存在的不安全因素，如电线、插座、消毒液等应放置在幼儿够不着的地方，墙面要配有软包，玩教具要定期进行消毒和检查维修等。

2. 教育性原则

教育性原则是班级室内环境创设的重要原则，一个好的班级环境应该像一本多彩的、立体的、富有吸引力的无声教科书。环境不仅是课程开发、设计的来源，而且是课程实施的场所。班级环境创设要与课程设计和实施相呼应，展现教育活动主题。因此，教师在创设室内环境时，要依据幼儿园教育目标，对环境设置做出系统的规划，满足幼儿全面发展的需要。

3. 发展适宜性原则

不同的幼儿有不同的个性特点和发展需要，教师要根据不同年龄阶段幼儿的特点创设适合幼儿发展需要、能够激发幼儿兴趣的环境，而且环境创设也要随着幼儿的发展而做出及时调整。如小班幼儿刚入园，有不同程度的分离焦虑，适应幼儿园需要一段时间，教师为减轻幼儿的焦虑感，可以营造出温馨、舒适的家庭生活氛围。再如大班幼儿即将上小学，对小学充满好奇与期待，加之大班幼儿的动手操作能力、与教师协商沟通能力较强，教师可以围绕“我要上小学”这一主题，让幼儿自己收集、制作与小学有关的材料装扮环境。

（三）室内环境创设的方法

一般来说，幼儿园班级的室内空间主要包括活动室、午睡室和盥洗室等。

1. 活动室

幼儿园的活动室是幼儿学习和游戏的主要场所。活动室中良好的环境创设与利用，会使幼儿在与环境的互动中获得各方面的发展，对置身其中的幼儿产生潜移默化的作用。因此，创设良好的活动室环境对幼儿来说就显得尤为重要。

活动室的布局，首先应相对宽敞，能够给幼儿提供较大的活动空间；其次，幼儿的桌椅要有相对固定的摆放位置，便于幼儿学习和就餐，且桌椅的高度应符合幼儿的身高，大、中、小班各不同。

活动室的色彩选择和搭配方面也应有所讲究，各年龄班活动室的色彩不宜强求一致。小班幼儿游戏活动时间较长，活动室的色彩应活泼一些，可选择上半部分白色、下半部分绿色，并配以淡蓝色的课桌椅、褐色的地板和橙色的窗

4-1-2

帘；中大班幼儿每天都有安排作业的时间，活动室的色彩可以配一些冷色。

笔记栏

资料链接

关于活动室墙面的创设，教师在布置环境之前要有清晰的目标，即要明确墙面环境创设所要达到的目标是什么。如从房顶到墙面离地面最高的部分，幼儿视角不容易看到，可以作为活动室的大背景，教师可以根据本班幼儿的年龄特点，用幼儿喜爱的色彩布置墙面；再如活动室墙面的中间部分，幼儿的视线能够经常看到，但用手够不到，可以作为活动室的展示区；又如活动室最下面的部分，是幼儿参与环境创设最多的部分，教师可以充分放权给幼儿，用儿童的双手和思想布置的环境，会使他们更加深刻地理解环境中的事情，也会使他们更加爱护环境，使个体与环境的互动效应更强，同时也减轻了教师的工作负担。

2. 午睡室

睡眠对幼儿来说尤为重要，良好的睡眠能够使幼儿缓解疲劳，有利于幼儿生长发育。幼儿的午睡时间一般是在幼儿园度过的，因此教师就需要用心营造适合幼儿午睡的环境，让幼儿在良好环境作用下健康成长。

午睡室环境创设的方法：

（1）墙面色彩宜用蓝色系，有助于稳定幼儿的情绪，给幼儿以宁静、安详的感觉。

（2）在午睡室的四周墙面上贴上“漂亮的夜空”“熟睡的乖宝宝”等画面，为幼儿营造宁静、温馨的睡眠氛围。

（3）在幼儿可以看到的地方贴上如“钻被子”“自己睡”“降低分贝”等图文结合的标志，提醒幼儿快速入睡。

（4）窗帘应选择暗红、蓝色等深色，帮助幼儿尽快入睡，窗帘不要经常更换，以免影响幼儿的睡眠质量。

（5）每天要注意开窗通风和清洁午睡室内的卫生，以保持室内空气的新鲜和环境的舒适、干净。

（6）室内保持安静，温度适宜，适当拉好窗帘，保持适宜的光线。

（7）幼儿的小床摆放不宜太过紧凑，最好能保持一定距离。

笔记栏

3. 盥洗室

盥洗室是幼儿一日生活必不可少的地方，其环境创设要根据幼儿的年龄特点，以童趣化为主，布置一些生动形象的图画，有助于幼儿养成良好的卫生行为习惯。

盥洗室环境创设的方法：

（1）张贴洗手步骤的图片，结合绿色环保、节约用水的理念，装饰相关图标，培养幼儿保护环境的意识。

（2）在盥洗室墙面张贴“餐后约定”“我是值日生”及“正确擦嘴、擦手”等图片，提示幼儿值日生工作应做什么、如何做。

（3）在盥洗室地面上画一些排队的小脚印以提示幼儿排队，帮助幼儿养成有序如厕的习惯，避免发生安全事故。

（4）张贴图示，鼓励幼儿多喝水，让幼儿初步了解自己的身体状况，了解健康与个人卫生、是否挑食、适量运动等多方面有关系。

（5）贴上男、女洗手间标识，让幼儿了解标识所代表的意义。

（6）张贴安全标记，利用图像、文字、标志等引导幼儿理解规则、遵守规则、制定规则。盥洗室的环境创设，既能激发不同年龄段幼儿对于盥洗等生活活动的兴趣，又能使幼儿对盥洗等生活活动的方法有一个形象的认识，帮助幼儿模仿相应的顺序。

二、墙面环境创设

（一）墙面环境创设的意义

墙饰是对幼儿园建筑空间美的创造，它具有装饰性、教育性、参与性等多种特性。幼儿园班级物质环境中大片的墙面环境作为“无声教材”，最能体现班级特色，它蕴含着教育信息，是幼儿观察、认知和表达的重要场所。因此，教师在进行班级墙面环境创设时，不能只做到美观，而应在教育目标的指引下，从幼儿的发展需要出发，针对幼儿的身心特点，有目的、有计划地创设幼儿所喜爱的、能够与之产生互动的墙面环境，对幼儿的认知、情感等方面产生隐性的影响，使幼儿能够更好地成长。

（二）墙面环境创设的原则

1. 审美性原则

墙面环境直接反映出教师的教育观念和审美，不能随心所欲，想到什么就设计什么。在进行墙面环境创设时，教师要针对幼儿年龄特点，以美学视角精

笔记栏

心组织和布置墙面，比如，注意主色彩和构图，将文字、图片、色彩等进行点、线、面合理的布局，使墙面各板块呈现出意新、形美的视觉效果，具有鲜明性、生动性、感受性和多变性，让幼儿在小小的空间里就能接受到美的熏陶。

2. 适宜性原则

墙面环境作为一种重要的教育资源，在开发幼儿智力、促进幼儿个性发展方面起着潜移默化的作用。所以，不同的年龄班应有不同的墙饰内容呈现，充分发挥环境在教育教学中的作用。教师要充分了解本班幼儿的兴趣、能力、学习方式等方面的特点，选择符合幼儿需求并有发展价值的教育素材作为墙饰内容。在墙面环境设计过程中，教师要善于抓住契机，适时引导，逐渐拓展，培养幼儿思考想象的能力。

3. 参与性原则

积极的情感和态度是幼儿持续发展的内在动力，只有让幼儿作为活动的主体参与其中，用他们喜欢的、独特的方式表现自己，才能有效地促进幼儿的发展。特别是班级主题墙的布置，应避免教师一手完成的情况，要给幼儿亲手参与环境布置的机会，让他们观察、构思、动手，在获得新知识的同时使其动手能力和创造性也得到很好的发展，感受到成功的喜悦，体验到合作的乐趣。同时，幼儿对自己布置的环境也有一种亲切感，这会更加激发幼儿与环境的充分互动。

4. 动态性原则

墙面环境是开放的、动态的，而非长期固定不变的，要随着幼儿知识经验的增长、兴趣能力的变化、课程内容的丰富、季节的变化等不断更新环境布置。如随着主题教学内容的深入，墙面创设的内容和材料也应不断增加、丰富。

（三）墙面环境创设的方法

1. 主题墙

主题墙一般是指幼儿园各班教室环境中的墙壁，它主要是根据各班开展的主题活动内容而设计和布置的。其作用是引领幼儿探索学习，梳理、记录幼儿在探索中的发现和获得的经验，反馈幼儿的成长，帮助幼儿学会主动学习。

主题墙是课程系统的一个重要环节，是幼儿与环境、幼儿与幼儿、幼儿与教师、幼儿与家长之间交流的中介和桥梁。主题墙为幼儿提供了良好的物质和精神环境，便于幼儿之间进行各种信息交流。通过主题墙，幼儿可以发现同伴的优点，形成对人和事的积极心态；通过主题墙，教师能够有效地倾听幼儿的想法，为幼儿提供有针对性的引导和帮助，及时调整活动计划；通过主题墙，家长

笔记栏

不仅可以了解孩子学习和活动的成果，还可以了解孩子成长的每一个过程及其在整体中的发展水平。

主题墙创设的方法：

（1）主题墙的创设要统一规划，墙面上部分可以设置评价栏、主题介绍、作品展示等内容，主要以欣赏为主；墙面下部分以师幼互动为主，可创设探索墙、互助墙、区域墙等，让幼儿自主操作。

（2）主题墙创设的内容应不断地变化，具有阶段性。

（3）把幼儿感兴趣的事物放入主题墙的创设中，让幼儿以主人翁的身份参与环境创设，把自己的所思、所想和真实情感融入墙饰中。

（4）墙面内容应伴随课程的开展而变化，逐步展现幼儿的作品，也可以根据主题的内容预留空白，采用主题墙背景不变、主题内容常变的策略。

（5）引导幼儿参与环境创设，共同参与环境的设计与布置，与主体环境进行互动，共同进行环境创设的反思。

（6）引导家长参与互动，让家长了解主题，邀请家长共同收集材料，共同参与环境创设，协助做好主题活动的延伸。

（7）加强培训和检查，通过教学研讨、专家讲座、环境检查评比等形式提高教师的环境创设水平，并定期进行检查、指导。

2. 区角墙面

区角墙面是配合班级美术区、阅读区、表演区、建构区、数学区、益智区等区角设置而布置的墙面。良好的区角墙面布置可以帮助幼儿更好地开展区角游戏。

区角墙面创设的方法：

（1）突出主题和区角的功能，配合主题活动并结合区角特点布置墙面，突出幼儿在区角活动中的体验和感受，形成知识板块。

（2）在区角墙面的装饰中应体现出幼儿的认知特点，色彩上以艳丽的纯色为主，造型上以稚拙、简洁为主，内容与各区角的主题一致。

（3）区角墙面的设计要以幼儿为核心，并根据各年龄班幼儿的不同心理特点来设计墙面，突出主题和幼儿实际生活，并以图文并茂的方式呈现幼儿进区的规则。

（4）区角墙面的创设要具有知识性，根据不同年龄段的幼儿展现出不同的情景，让幼儿有一定的发挥空间。

（5）区角墙面也可进行适当的留白，使幼儿和墙面互动，方便教师进行指

笔记栏

导，充分调动幼儿的积极性。

3. 家长园地

家长园地是目前幼儿园最常见、较为传统的教育环境载体，是一种家园交流的书面形式。它既是幼儿教师班级管理的常规工作内容，又是家园沟通的重要渠道，在传递教师的教育理念和转变家长的教育理念等方面发挥着重要作用。

家长园地创设的方法：

（1）随着时代的发展，家长园地的形式也在不断改进，力求多样化，变单向传输为双向交流。如教师把幼儿在园的学习情况或请家长将孩子在家的各种表现、进步情况，以便条或照片、绘画等形式张贴在家长园地里。

（2）教师可以设置“请您参与”“畅所欲言”“家长留言”等专栏，围绕家长关心的话题、班内孩子普遍存在的突出问题等展开讨论，鼓励家长畅所欲言、各抒己见，并将各自的育儿经验分享在家长园地里。

（3）教师应依据幼儿的年龄特点，选取相宜的栏目设计。栏目的设计应丰富而有创意、图文并茂，但并不是栏目越多越好，应根据各年级的实际情况进行选择、调整。

（4）向家长介绍近期幼儿园教育活动的安排，并提出需要家长配合的地方，或向家长征求最佳的教育方案。

4. 走廊、过道

走廊与过道属于公共区域，既是班级活动的空间，又是最让他人直观感受到班级特色的地方。因此，布置走廊与过道时不仅要体现班级特色，还要让幼儿感到亲切、有趣，产生安全感、亲切感、归属感。

走廊、过道创设的方法：

（1）悬挂在走廊与过道上的吊饰，要符合班级幼儿的年龄特点，安全、美观，具有趣味性和一定的教育意义。

（2）教师可以将幼儿作品作为挂饰，展示幼儿不同时期、不同手法的绘画、手工艺品等。

（3）走廊、过道中摆设的各种饰品，要便于清洁、结实耐用，防止因幼儿接触、碰撞而造成安全问题。

（4）走廊、过道的布置要彰显班级特色和发展理念，使家长接送幼儿时能通过走廊、过道的环境布置直观地了解到班级的理念与特色。

（5）鼓励幼儿参与走廊、过道的文化建设，突出幼儿的主体性。幼儿的参与既充实了幼儿园教学活动的内容，又有利于发展幼儿的动手能力，使走廊、

笔记栏

过道变得温馨、可爱，充满童趣。

三、区角环境创设

（一）区角环境创设的意义

幼儿园班级区角环境的创设是幼儿教育环境创设的重要组成部分。区角是指幼儿园班级内的各个空间角落，是幼儿开展自主学习和游戏的主要场所。教师可以根据不同的教育教学目的和幼儿身心发展水平的特点，有目的地创设区角环境，并提供不同层次的活动材料，使幼儿能够凭借现有能力进行操作、探索。在区角中，幼儿可以根据自己的兴趣、爱好选择适合自己的游戏活动，积累丰富的感性经验，满足自身个性化的发展需要。

（二）区角环境创设的原则

1. 适宜性原则

适宜性是指在创设区角时，既要和幼儿的生活经验相联系，又要符合幼儿的身心发展特点。如小班幼儿生活经验少，教师可以为他们设置“娃娃家”，让幼儿感到亲切，更快适应幼儿园生活；大班幼儿已经具备了相对丰富的知识、经验，他们喜欢探索思考性更强的区角，如科学区、益智区等。

2. 开放性原则

开放性是指区角的创设可以让幼儿根据自己的想法自由发挥、自主创造。积极、主动的学习要比被动学习的效果更显著，对幼儿来说也是如此。因此，区角不应该是展示台，而是操作台，不一定要有精致的工具，但要有可以满足幼儿探究的各种材料，让幼儿根据自己的想法在教师的指导下进行操作，从而获得发展。

3. 层次性原则

层次性是指区角的创设可以给幼儿提供选择的余地，为不同能力水平和不同兴趣、爱好的幼儿提供不同难度的可操作性材料。在区角环境的创设中，特别是材料的选择，要坚持高结构与低结构材料相结合、简单操作材料和复杂操作材料相结合。不同阶段幼儿对于材料的解读不同，他们在操作、利用不同材料过程中能够得到多种程度的发展。

4. 参与性原则

由于幼儿认知水平有限，他们在区角游戏中离不开教师的指导。参与性不仅仅是指幼儿的参与，更是指教师需在区角游戏中有效引导幼儿深入探究。在各个区角游戏中，需要适当地设置难点，为教师的参与提供机会，为幼儿更高

笔记栏

层次的探究留下空间。

5. 安全性原则

安全性是区角环境创设的根本。区角的地面不能凹凸不平、坑坑洼洼，区角的上方空间不能悬挂易碎物品，区角的墙面无显露在外的电源插孔等。另外，区角中投放的玩具、材料要保证安全、无毒；选购玩具时要注意避免表面有锋利部分、易划伤幼儿的危险玩具，室外的大型玩具边角都应圆滑等。

（三）区角环境创设的方法

1. 合理安排区角的空间布局

区角的种类要能够满足幼儿兴趣和发展的需要，因此区角的创设要丰富。区角按其性质可以分为两类：一类是学习性的区角，这类区角主要指向幼儿对周围环境、客观现象的认识和理解，帮助幼儿积累生活经验与认知经验，如生活区、科学区、语言区、美工区、音乐区等；另一类是游戏性的区角，这类区角主要指向促进幼儿良好情感、社会经验的积累，如建构区、表演区、角色区等。各种活动区角促进幼儿不同方面的发展，教师应该创设学习和游戏兼具的活动区角。

教师在创设区角时，应尽可能将较为安静的区角安排在室内，如语言区等；将相对会发出较大声音的区角安排在靠近教室门口，如表演区、科学区等，并根据游戏情况进行灵活调整。同时，各活动区角之间应设有分隔物，以减少幼儿视觉上的干扰，造成分神。另外，各区角之间要留有清楚的走动线，引导幼儿正常游戏，避免正在进行中的游戏被打扰。

2. 科学选择与投放活动材料

（1）材料的选择

投放活动材料是实现教育目标的手段，是幼儿获得发展的媒介。教师应根据班级幼儿的实际发展水平设置目标，只有在目标明确的前提下，才能保证为每个幼儿提供有效、适宜的环境刺激，进而根据教育目标去选择材料，避免材料投放的盲目性。

在材料安全的前提下，依据幼儿园自身经济条件，尽量做到一物多用。教师可以充分利用无污染的废旧材料，如挂历纸、各种包装纸、海报、纸盒、形状特别的塑料瓶等，还可以动员家长收集材料，充分利用身边可获得的资源。

（2）材料的投放

投放材料的结构高低，直接影响到幼儿对材料的选取频率和持续时间。低结构材料的特点在于可塑造、可组合、无固定的使用模式、可操作性高，能根

笔记栏

据操作者的意图，变换出各种不同的操作结果，给幼儿提供丰富的操作空间。如教师和幼儿在日常生活中搜集的纸盒、牛奶瓶、瓶盖、广告纸、薯片罐、报纸、布片、纽扣、用剩的笔芯、吸管等废旧材料，还有大自然中的沙、土、石、水、木棍等。这些材料对幼儿的创造性提出了挑战，幼儿常常能够变换出不同的玩法，因体验到成功的喜悦而兴趣大增。因此，相对于高结构材料来说，幼儿对低结构材料的兴趣更大，专注于低结构材料的时间也更长。教师应充分挖掘低结构材料的教育价值，注意低结构材料的投放。

资料链接

幼儿的发展具有阶段性，教师应根据幼儿的年龄特点决定投放材料的难易程度。如在科学区，小班幼儿年龄小，以具体形象思维为主，教师提供的材料既要丰富又要生动有趣，满足幼儿的好奇心和求知欲，如能发出声音的各种材料。中班可投放食盐、白糖、食用碱、水等物品，让幼儿观察、适当尝试滋味；大班可以投放木质的和铁质的东西，供幼儿研究。除了年龄差异之外，教师在投放材料时也应考虑个体差异。如中班的美工区，同一个折纸内容，教师可以有意识地投放两类范例供幼儿选择，一类是平面的图案范例，一类是立体的实物范例。折纸能力稍弱的幼儿可以按实物范例折，而能力较强的幼儿可以选择图案范例。

3. 明确常见活动区角的功能和规则

（1）生活区

功能：通过各种生活模仿活动进行操作与练习，培养幼儿编、系、扣、穿、夹等基本生活操作能力。

规则：①进区先要选择角色与道具；②活动时要团结、友爱；③听到音乐马上收拾玩具、道具。

（2）图书区

功能：通过对图书、图片、头饰、手偶等的观察及操作、拼摆和讲述活动，发展幼儿的观察能力和语言表达能力。

规则：①轻声说话，不影响其他小朋友看书；②爱惜书籍；③听到音乐马上将书放回原处，并摆放整齐。

笔记栏

（3）美工区

功能：通过撕、贴、剪、画、捏、做等活动，发展幼儿的动手操作能力及欣赏美、表现美和创造美的能力。

规则：①保持正确的坐姿；②使用剪刀等工具时要注意安全；③不浪费材料；④听到音乐马上将用品放回原处，并摆放整齐。

（4）科学区

功能：通过各种科学小游戏及数学操作活动，培养幼儿探索科学的兴趣，发展幼儿的数学能力和动手操作等能力。

规则：①轻声说话；②爱惜玩具；③遇到问题要动脑解决；④听到音乐马上将东西放回原处。

（5）建构区

功能：利用积木、酸奶盒、易拉罐、纸盒、玉米瓤等进行建构游戏活动，培养幼儿的空间知觉，发展幼儿的空间想象力、动手操作及交流合作能力。

规则：①多动手、多动脑；②保持安静；③爱护玩具；④听到音乐马上将东西放回原处。

（6）角色游戏区

功能：角色游戏是幼儿通过扮演角色、运用想象来创造性地反映现实生活的一种游戏，如开心娃娃家、小小美发屋、娃娃超市、快乐美食城、快乐小吃吧、小医院等。幼儿通过模仿各种社会活动，学习各种社会性行为，发展交往能力，培养幼儿的主动性、独立性和创造性，促进幼儿社会性的发展。

规则：①进区前要选择角色和道具；②和小朋友友好相处；③爱惜玩具；④遇到问题要动脑解决；⑤听到音乐把东西放回原处。

（7）自然角

功能：自然角里的动植物具有生命力，它们生长、发展的过程具有特定的教育功能。幼儿在种植、喂养、采摘等体验活动中，观察、照顾动植物，由此激发幼儿好奇心和求知欲，培养幼儿对周围事物、现象的兴趣以及动手动脑、探究问题、观察事物等方面的能力，萌发爱护动植物、亲近自然的情感。

规则：①认真观察；②轻声说话；③不影响其他小朋友游戏；④爱护动植物；⑤遇到问题要动脑解决；⑥听到音乐马上将东西放回原处。

步骤二 任务实训

1. 幼儿往往对不熟悉的环境感到恐惧，他们喜爱熟悉的环境。新生入园时，有些主班老师会提前将幼儿的照片贴到活动墙上。请你为小班幼儿设计班级主题墙，打造一个温馨的童话乐园，让他们可以尽快地适应幼儿园班级生活。

◎设计理念：

◎材料准备：

◎制作技法：

◎作品展示：

2. 小班阶段是培养幼儿自我服务能力的最佳时期，也是幼儿生活自理能力和良好生活习惯初步养成的关键期。针对小班幼儿的年龄特点、自理能力情况，请小组讨论思考，如何通过盥洗室的环境创设来培养幼儿良好的卫生习惯和生活自理能力。

◎小组一：

◎小组二：

◎小组三：

◎小组四：

◎小组五：

◎学习收获：

3. 幼儿园自然角是大自然的缩影，它不仅具有绿化班级、美化环境、赋予生机的作用，也蕴含着很大的教育价值，是孩子们了解、认识自然的窗口。假如你是一名大班的幼儿教师，怎样创设一个能吸引儿童、引导儿童、支持儿童活动的自然角？

◎创设理念：

◎指导要点：

步骤三 思考提升

1. 幼儿园室内活动室如何布局？在色彩搭配和墙面布置上要注意哪些方面？
2. 什么是主题墙？主题墙创设的方法主要有哪些？
3. 教师在进行区角环境创设时要遵循哪些原则？请举例说明。

步骤四　任务评价

<table>
<tr><th>序号</th><th>评价要点</th><th>评分依据</th><th>分值范围</th><th>教师评分</th></tr>
<tr><td>1</td><td>对室内环境创设的原则、方法等内容的掌握情况</td><td rowspan="3">要求学生针对所应掌握的相关内容形成文字材料，提交给教师作为评分依据</td><td>0~10 分</td><td></td></tr>
<tr><td>2</td><td>对墙面环境创设的原则、方法等内容的掌握情况</td><td>0~15 分</td><td></td></tr>
<tr><td>3</td><td>对区角环境创设的原则、方法等内容的掌握情况</td><td>0~15 分</td><td></td></tr>
<tr><td>4</td><td>学生课前准备及课堂表现情况</td><td>1. 课前准备材料需提交给教师作为评分依据
2. 教师根据学生在课堂上的表现或个人突出表现进行评分</td><td>0~20 分</td><td></td></tr>
<tr><td>5</td><td>在“任务实训”环节的表现情况</td><td>1. 依据实训中的个人表现评分
2. 依据实训中文字材料的丰富性评分
3. 依据实训优异程度评分</td><td>0~20 分</td><td></td></tr>
<tr><td>6</td><td>“思考提升”的完成度</td><td>1. 依据文字材料评分
2. 依据完成优异情况评分</td><td>0~20 分</td><td></td></tr>
<tr><td colspan="4">得分（总成绩 100 分）</td><td></td></tr>
<tr><td>教师评语</td><td colspan="4"></td></tr>
</table>

笔记栏

任务二 班级心理环境创设

任务背景

班级心理环境主要包括班级的氛围和人际关系等方面，体现在师幼关系、幼儿同伴关系、教师同事关系、教师家长关系等关系之中。班级心理环境不仅影响幼儿在园生活的质量，而且直接影响幼儿身心各方面的发展。良好的心理环境能促使幼儿积极向上，推动幼儿发展；压抑的心理环境会导致幼儿形成不良性格，制约幼儿发展。那么，如何创设和谐的班级心理环境，促进幼儿快乐、健康地成长呢？

任务目标

1. 掌握师幼关系的内容、基本类型，以及建立良好师幼关系的方法。

2. 了解同伴关系对幼儿的影响，以及帮助幼儿建立良好同伴关系的方法。

3. 了解幼儿教师同事关系管理的意义、定位，以及建立和谐同事关系的方法。

4. 能运用教师与家长沟通的原则及技巧处理、解决问题。

任务准备

搜集一些师幼关系、幼儿同伴关系、教师同事关系、教师家长关系的有关案例。

任务实施

步骤一 知识梳理

一、师幼关系管理

（一）师幼关系的内容

师幼关系是指教师和幼儿在教育教学活动中结成的相互关系，包括彼此所处的地位、作用和态度等。师幼关系包括以下两个方面。

笔记栏

1. 教学上的授受关系

（1）从教育内容的角度说，教师是传授者，幼儿是接受者。

（2）幼儿主体性的形成，既是教育的目的，又是教育成功的条件。

（3）教师对幼儿进行指导、引导的目的是促进幼儿的自主发展。

2. 人格上的平等关系

（1）幼儿作为一个独立的社会个体，在人格上与教师是平等的。

（2）幼儿与教师是一种朋友式的友好帮助关系。

（3）幼儿与教师具有社会道德上的相互促进关系。

（二）师幼关系的基本类型

1. 专制型

教师有很强的教学责任心，但教育方法简单，不讲究教学方式，以教师的主张、决定为准；幼儿对教师的指令只能听取和服从，缺乏学习的积极性。师幼之间缺乏情感沟通，易发生冲突。

2. 放任型

教师对工作不负责，对幼儿也缺乏感情，采取放任自流的态度；幼儿对教师持无所谓的态度，消极对待教师的要求。师幼之间交往甚少，交流有限，关系冷漠，既缺少相互的期望和帮助，又无明显的冲突和对抗。

3. 民主型

教师热爱、关心、尊重和信任幼儿，善于同幼儿交流，尊重幼儿的意见；幼儿尊敬教师，学习积极性高，善于独立思考。师幼之间呈现积极的双向交流，师幼关系和谐，课堂气氛活跃。

（三）良好师幼关系的特征

1. 民主平等

民主平等是建立良好师幼关系的基本要求，是教育活动取得良好效果的重要条件。

2. 尊师爱生

尊师爱生意味着师幼之间彼此尊重、相互友爱，这是建立良好师幼关系的感情基础。

3. 教学相长

在教学过程中，教师和幼儿是相互促进、共同提高的。

4. 心理相容

心理相容是指教师与幼儿之间在心理上协调一致，并相互接纳。

笔记栏

（四）建立良好师幼关系的方法

1. 帮助幼儿适应环境变化，消除分离焦虑

幼儿入园过程中最常见的问题就是出现分离焦虑和不适应集体生活。分离焦虑是指幼儿与母亲或其他熟悉的人分离时，面对陌生的环境产生的紧张情绪和不安行为。不适应集体生活则表现为幼儿生活能力差，不能和其他小朋友友好相处等。

分离焦虑和对集体生活的不适应，是幼儿面对陌生环境的自然反应，教师应当理解和接纳幼儿的这些表现，不能把这些表现当作幼儿在行为习惯上的“问题”而熟视无睹，让幼儿“自然适应”。教师的关心、爱护会使幼儿有安全感，从而获得情感上的满足，使幼儿能够接受教师，把教师当作陌生环境中可依赖的保护者，从而为良好师幼关系的形成奠定最初的基础。

2. 积极、主动地与幼儿交往

教师首先应以亲切、平等、尊重的态度积极、主动地与幼儿交往，注重与幼儿之间积极的情感交流。一方面可以使幼儿在心理上消除对教师的隔阂，接受教师；另一方面也可以使幼儿感受到教师的关注，密切师幼关系与情感。教师在与幼儿交往的过程中，要真诚地接纳每一个幼儿，尽量照顾到每一个幼儿，不偏爱、不忽视任何一个幼儿，让每一个幼儿都能感受到教师的关注，并力图从幼儿的角度来体验他们对人、对物、对事的感受。

3. 关注并参与幼儿的活动

关注是一种发自内心的情感和态度，其外在表现是教师与幼儿交往时所处的位置。当教师真正关注幼儿和幼儿的活动时，就会有意识地观察与了解幼儿的需要和愿望、幼儿的情绪情感状态以及幼儿感兴趣的活动与话题，就能够做到不仅身体在场，心灵也贴近幼儿。

4. 理解并宽容地对待幼儿的错误

教师对幼儿所犯错误处理不当会对和谐师幼关系的建立产生消极的影响。因此，教师首先应认识到幼儿是成长中的个体，其身心发展尚不成熟，犯错误是在所难免的。以理解、宽容的心态对待幼儿的错误，教师就能心平气和地帮助幼儿分析错误产生的原因，幼儿也就能心悦诚服地接受教师的批评。但是，理解与宽容并不意味着放任与放纵。

5. 帮助幼儿形成良好的同伴关系

良好的同伴关系不仅有利于幼儿学习和认知的发展，还可以使幼儿学会交往、学会合作，学会分享、关心、同情等，对幼儿社会性的发展具有积极的作

笔记栏

用。幼儿之间良好的同伴关系可以在班级中营造温暖、支持的心理环境，有利于幼儿产生主动与教师交往的心理氛围，从而引发幼儿更多积极的交往动机和行为，幼儿与教师之间的关系也会更加和谐。

师幼关系是贯穿幼儿日常生活的最核心的人际关系，它是幼儿园教育的重要组成部分。良好的师幼关系能极大地调动教师与幼儿参与日常教学活动的积极性、主动性，有利于幼儿的个性发展。

二、幼儿同伴关系管理

（一）同伴关系对幼儿的影响

良好的同伴关系在幼儿成长中有着独特的价值，它能促进幼儿认知的发展和社会技能的提升，对幼儿的性格、品质、行为都会产生很大的影响，具体表现为以下几个方面。

1. 满足幼儿对归属感、尊重和爱的需要

幼儿在班里有自己的小伙伴，有稳定的同伴关系，就能很快地融入集体并能体验到归属感。

2. 为幼儿提供学习他人的机会

在交往过程中幼儿相互模仿、观察、学习，并彼此指导、合作，有助于幼儿开阔眼界、提高解决问题的能力。

3. 同伴是幼儿的信息渠道和参考依据

幼儿在交流的过程中，会分享彼此的经历，如一个幼儿说周末去哪里玩了、看到了什么，其他的小朋友也会跟着分享类似的经历。

4. 同伴是幼儿得到情感支持的重要来源

有研究认为，同伴之间如果形成友谊，往往能为幼儿提供多方面的支持，如相互证实、共享兴趣和希望、分担恐惧与忧虑、获得安全感等。

（二）同伴互动的类型

1. 受欢迎型

受欢迎型的幼儿情绪稳定、反应敏捷，在交往中积极主动。这些幼儿喜欢与人交往，而且经常表现出友好、积极的交往行为，因此受到大多数同伴的喜爱。

2. 被拒绝型

被拒绝型的幼儿情绪不稳定，爱冲动，比较外向，注意力易分散，坚持性差。他们在交往中活跃、主动，但经常采取不友好的交往方式，如抢玩具、随意改变游戏规则、推打小朋友等，因此常常被同伴排斥、拒绝。

笔记栏

3. 被忽视型

被忽视型的幼儿不太喜欢与他人交往，他们平时很安静，常常独自活动。这类幼儿通常比较听话，在平时生活与交往中暴露的问题不明显，不容易引起老师和其他小朋友的注意，往往成为被老师忽视的群体。

4. 一般型

一般型的幼儿在群体中处于中间的位置，既不是特别主动、友好，又不是特别被动、惹人讨厌，同伴大多不是特别喜爱、接纳他们，也不会特别拒绝、忽视他们。这类孩子能够参与同伴交流、游戏，但表现不是很突出。

（三）帮助幼儿建立良好同伴关系的方法

1. 关注被忽视的幼儿

班级中受欢迎的幼儿和被排斥的幼儿都比较容易吸引老师的关注，那些既不受欢迎又不被排斥的幼儿则处于“被忽视”状态，因为他们既不影响老师上课，又不打扰其他小朋友，常常处于一种消极的配合状态。老师要采用适宜的策略来支持、引导其和其他幼儿的良好互动，满足幼儿对爱和归属感的需要。教师可以组织讲故事、分角色扮演等游戏活动，使幼儿通过游戏中的社会角色建立真实的同伴关系。

2. 营造轻松的氛围

如果幼儿经常遭受同伴的拒绝，就会感到焦虑和沮丧，甚至表现出害羞、哭闹、肌肉紧张、抗拒教师等情绪症状。教师要给幼儿营造一种温暖的、支持性的环境和氛围，可以在很大程度上消除这些不良情绪。

3. 教给幼儿人际交往的技巧

教师要利用好教育契机，引导幼儿遵循规则，教给幼儿一些人际交往技巧，如怎样与同伴一起玩、做了错事该怎么办、商量怎样玩玩具，以及和同伴一起游戏时要遵守游戏规则等。

4. 为幼儿创造交往机会

教师应多给幼儿创设相互交往的平台，如自由活动、区域活动都是幼儿发展交往能力的好时机。教师可以开展跨班、跨年龄段的游戏活动，让不同能力水平、不同性格类型的幼儿相互交往，在同伴中树立榜样，帮助幼儿建立良好的同伴关系。

笔记栏

三、教师同事关系管理

（一）幼儿教师同事关系管理的意义

多数幼儿园实行“两教一保”的班级配班制度，即每班配备三名保教人员。三位教师之间和睦相处，可以形成强大的班级团队管理力量。建设一个宽松、和谐的班集体，不仅能为幼儿营造一种宽容、理解、尊重、合作的良好人文环境，促进幼儿身心健康发展，还能让教师从中获得一份积极的情绪，从而迅速进入工作状态，顺利开展班级管理工作。

（二）幼儿教师之间同事关系的定位

1. 合作者

幼儿园班级由两名带班教师和一名保育员（也称生活老师）共同带领，她们与整个班的幼儿时刻在一起。这种相处模式的特殊性决定了幼儿教师之间最基本的关系——合作者关系。幼儿园非常重视每个班级中三位教师的“三位一体”。所谓“三位一体”，即每个班级的两名带班教师和一名保育员齐心协力共同管理好班级，提高班级的保教质量。除了班级工作上的合作，教师在幼儿园各类集体活动中也表现出了积极的合作者特征。

2. 资源共享者

如果所有的幼儿教师都能把自己的课程方案，教学资源（音乐、图片等），多媒体课件进行分享的话，那么每个幼儿教师都将拥有更多的幼教资源。大家将会有更多的互相分享、互相学习、共同进步的机会。可以说资源共享为幼儿教师提供了更方便、更快捷的学习途径和方式。

3. 专业成长互助者

幼儿园的每一名教师都有自己独特的专长：有的擅长声乐，有的擅长积木搭建，有的擅长美术绘画，有的擅长组织严谨而好玩的科学游戏，有的擅长带领幼儿阅读绘本故事，有的擅长观察与分析幼儿的行为，有的擅长与家长沟通，有的擅长引导幼儿解决情绪问题，等等。这些不一样的专长，为幼儿教师提供了相互学习空间和条件，不仅为班级工作中的合作互助奠定了基础，还对教师自身的专业成长起到了有力的促进作用。

（三）幼儿教师同事冲突及其成因

同事冲突是幼儿教师之间由于教育理念、教育行为、性格、气质等方面的差异，以及缺乏有效的沟通而产生的直接或间接的对立、分歧或互相干扰的活动，并伴有明显的消极情绪反应。造成幼儿教师同事冲突的因素主要包括以下几个方面。

笔记栏

1. 教育理念的差异

由于幼儿教师彼此之间教育理念不能协调一致，通常会存在着多种形式的分歧或对立，从而导致冲突发生。

2. 教育行为的差异

幼儿教师的教育行为是在其自身教育理念的支配和指导下进行的，教育理念的差异必然导致他们在教育行为上出现分歧，甚至产生冲突。

3. 性格、气质的差异

由于幼儿教师之间存在着一定的性格差异，如果任由自己的性格行事，不顾他人的感受，也会产生冲突。

4. 年龄和教学经验的差异

幼儿教师之间年龄和教学经验上的差异也是产生冲突的重要原因。另外，由于人们对人、事物的态度、观点和理念不同，以及沟通机制的不完善，常常会产生沟通障碍，这也是引发冲突的主要原因。

（四）建立和谐同事关系的方法

1. 承担并完成自己应有的工作

在班级工作中，与搭班教师分工后，要认真、积极、主动地完成自己的分内工作。当然，在同事有困难时，也要乐于给予同事力所能及的帮助。教师应树立团队的整体观念，每个人都要承担起自己在班级中的一份责任，既要分工明确，又要配合默契，形成一定的秩序，避免不必要的紊乱和工作的无序。

2. 尊重幼儿园内的每一位同事

每个人的成长经历、生活经历不同，必然会存在很多分歧。在与同事有观点冲突时，要耐心倾听同事的想法，特别是与自己所在班级的搭班教师和保育员沟通时，更要诚恳、主动，尊重他人意见，给予他人充分的空间表达自己，以宽容的心态对待他人的不同。

3. 与同事沟通时要注意方式、方法

无论是什么内容的沟通，都需要注意与同事的沟通方式。一方面要用恰当的方式和语言表达自己的观点以及处理与同事的分歧，尽量避免挫伤同事的感情；另一方面要换位思考，理解同事。

4. 善于发现同事的优点

三人行，必有我师焉，要善于发现同事的优点和长处。对于同事的成绩，保持一份敬意，虚心学习；对于同事的批评和建议，保留一份诚意，耐心听取；对于同事的缺点，保存一份善意，诚心包容。以诚待人，取他人之长，补己之短，共同进步，共同发展。

笔记栏

四、教师家长关系管理

（一）教师与家长关系的特点

1. 以工作为起点

幼儿教师作为一种职业，与家长进行交往是工作的重要内容，也正因为如此，工作需求是教师与家长关系的起点。

2. 以幼儿为纽带

教师与家长并非表面上的两者之间的关系，而是教师、家长以及幼儿三者之间的关系。因为在这一关系中，幼儿是联系教师与家长的纽带，幼儿是教师与家长关系确立的必要条件。

3. 以教育为目的

教师与家长之所以有一定的社会关系，是因为他们有着共同的教育目的——促进幼儿的健康成长。这决定了他们必须以幼儿的健康成长为出发点，并且始终围绕着幼儿的健康成长互通信息、互商教育方案和方法，使整个交往过程以实现教育目的为导向。

4. 以合作为手段

教师与家长的关系是以合作为基础展开的，两者通过各种形式的合作使得学校教育与家庭教育有机结合，对促进幼儿的全面发展起到重要的作用。

（二）教师与家长沟通的原则

1. 平等性与主导性相结合的原则

平等性与主导性相结合的原则，是指教师在与家长沟通时既要保证人格及社会地位的平等，还要在指导家长科学育儿和配合幼儿园教育中发挥主导作用。

2. 经常性与及时性相结合的原则

经常性与及时性相结合的原则，是指教师要经常关注幼儿的成长状况，及时发现幼儿成长中的问题，注重与家长保持经常性沟通，并做好个别事件的及时沟通。

3. 专业性与情感性相结合的原则

专业性与情感性相结合的原则，是指教师与家长的交流既要体现教师职业的专业性，又要体现人际关系的情感性，做到以理服人、以情动人。

（三）教师与家长沟通的技巧

1. 倾听在前，反思在后——当家长有话要说时

（1）从家长的叙述中寻找合作的契机

有时，家长会像讲故事一样向教师叙述自己的教育行为或者孩子在家中的表现。当教师遇到这类家长时，应当耐心聆听家长的叙述。首先，教师的聆听会让家长感受到对自己的尊重，使两者关系更为亲切；其次，聆听是教师了解家长育儿观念及幼儿在家表现的重要途径，使家园教育衔接更为顺畅；最后，只有耐心聆听家长的叙述，教师才能从中寻找教育的话题和契机，使得对家庭教育的指导更有针对性。

沟通是家园同步教育的关键

（2）从家长的建议中探寻教育的良策

有时，家长会给教师提出一些建议，教师既要虚心倾听家长的教育意见，也要有鉴别建议可取性的敏感度，表现出与家长合作的真诚，从而探寻出更适合的教育良策。

（3）从家长的投诉中反思管理的不足

对于幼儿教师而言，遇到家长投诉无疑是痛苦的事情，哪个教师都不愿意这样的事发生在自己的身上。但如果真的遇到家长投诉，教师要克服自身的不良情绪，在认真倾听的基础上理性地思考家长投诉的原因，反思自己的班级管理行为，从而改善方式、方法。

2. 基于需求，分类沟通——当遇到不同类型的家长时

有效的沟通有赖于沟通者对沟通对象的充分理解与尊重，并依据沟通对象的个性特点采取因人而异的沟通方式。家长是一个复杂、多元的群体，他们的性格、职业及对教育的期望等方面均存在诸多差异，教师应了解、分析不同家长的需求及特点，从而进行分类沟通。

3. 服务在前，要求在后——当需要家长配合时

班级管理工作有时会需要家长的参与和支持，如让家长收集废旧材料、邀请家长参与亲子制作或者请家长给孩子介绍普及一些自然常识等。教师在向家长布置任务时，应注意与家长沟通的技巧。教师可以先介绍自己做了哪些工作，使家长了解到教师是为了孩子的发展着想，再对家长提出一些要求，这样家长就比较容易接受，不至于产生抵触情绪。

4. 锲而不舍，态度积极——当一次沟通无效时

有时，教师与家长不是沟通一次就能解决问题的，可能需要多次的持续沟通。这就需要教师有锲而不舍的积极态度，在与家长的不断互动中让家长感受到教师对幼儿成长的关爱与对家庭教育指导的用心，从而达成理念上的共识与教育行为上的一致。

步骤二 任务实训

1. 幼儿园的孩子，因为年龄的特点，总是容易与其他孩子在玩闹时发生冲突。幼儿教师在引导化解冲突矛盾方面扮演着重要角色。请以小组讨论的方式，共同探讨帮助幼儿建立良好同伴关系的方法。

◎小组一：

◎小组二：

◎小组三：

◎小组四：

◎小组五：

2. 主班教师小陆老师有美术特长，带班两年后，配班教师换成了小李老师。小李老师的音乐方面是强项，而美术功底没有小陆老师深厚。但小李老师比较要强，环境布置等各项工作，她都积极去做。有一次小李老师布置了一个区角环境，小陆老师很不满意。她想重做，但那毕竟是小李老师的劳动成果；若听之任之，这个区角环境确实质量不高。小陆老师自己也是个要强的人，不希望自己班的环境出现这样的问题，因此非常为难，不知该怎样处理。如果你是小陆老师，你会怎样做？为什么？请结合所学知识，说一说造成同事之间冲突的因素都有哪些。在今后的工作中，该如何规避这些问题，建立和谐融洽的同事关系？

如果你是小陆老师，你会怎样做？

分析造成同事之间冲突的因素：

工作中如何建立和谐融洽的同事关系？

步骤三 思考提升

1. 师幼关系有哪几种类型？幼儿教师该如何构建良好的师幼关系？

2. 简析同伴关系对学前儿童发展有哪些积极的作用。

3. 教师与家长沟通的原则及技巧有哪些？如果对家长的观点和做法不“认同”时，幼儿教师可以采取何种方式与其进行和谐、有效沟通？

步骤四 任务评价

<table>
<tr><th>序号</th><th>评价要点</th><th>评分依据</th><th>分值范围</th><th>教师评分</th></tr>
<tr><td>1</td><td>对师幼关系的内容、类型、特征及建立良好师幼关系方法等内容的掌握情况</td><td rowspan="4">要求学生针对所应掌握的相关内容形成文字材料，提交给教师作为评分依据</td><td>0~10 分</td><td></td></tr>
<tr><td>2</td><td>是否掌握帮助幼儿建立良好同伴关系的有效方法</td><td>0~15 分</td><td></td></tr>
<tr><td>3</td><td>对同事关系管理的认识情况</td><td>0~10 分</td><td></td></tr>
<tr><td>4</td><td>对与家长关系的特点、沟通原则、沟通技巧等内容的掌握情况</td><td>0~10 分</td><td></td></tr>
<tr><td>5</td><td>学生课前准备及课堂表现情况</td><td>1. 课前准备材料需提交给教师作为评分依据
2. 教师根据学生在课堂上的表现或个人突出表现进行评分</td><td>0~20 分</td><td></td></tr>
<tr><td>6</td><td>在“任务实训”环节的表现情况</td><td>1. 依据实训中的个人表现评分
2. 依据实训中文字材料的丰富性评分
3. 依据实训优异程度评分</td><td>0~20 分</td><td></td></tr>
<tr><td>7</td><td>“思考提升”的完成度</td><td>1. 依据文字材料评分
2. 依据完成优异情况评分</td><td>0~15 分</td><td></td></tr>
<tr><td colspan="4">得分（总成绩 100 分）</td><td></td></tr>
<tr><td>教师评语</td><td colspan="4"></td></tr>
</table>

项目五 幼儿园、家庭、社区共育管理

古为今用

古文：

人心齐，泰山移。

——〔明〕佚名《增广贤文》

今用：

“人心齐，泰山移”的意思是只要人们的心往一处，共同努力，就能移动泰山。比喻只要大家一心，就能发挥出极大的力量。幼儿园、家庭、社区是对幼儿生活和学习的影响最大、最直接的微观环境。作为幼儿最早接触的社会文化环境，它们对幼儿发展所起的作用，是其他任何因素所不可比拟的。幼儿园与家庭、社区合作共育是近年来学前教育发展的一种趋势，三方合作的形式具有多样性，所发挥的成效也不尽相同。如何协调幼儿园、家庭、社区三方的教育资源，形成教育合力，促进幼儿和谐健康发展，是本项目将要探讨的问题。本项目通过让学生了解家园共育、社园共育的概念、内容、途径，班级家长会、家长开放日、社园共育活动的原则和形式，以及家长委员会、社区委员会的职责、分工等，使学生掌握指导家园共育、班级家长委员会工作的能力，以及组织社园共育活动的能力，形成以生为本、合作共赢的教育观念，培养善于沟通的品质。

学习目标

1. 知识目标：了解家园共育、社园共育的概念、内容、途径，班级家长会、家长开放日、社园共育活动的原则和形式，以及家长委员会、社区委员会的职责、分工等。

2. 技能目标：具备指导家园共育、班级家长委员会工作和组织社园共育活动的能力。

3. 素质目标：形成以生为本、合作共赢的教育观念，培养善于沟通的品质。

4. 思政目标：指导家长遵循家庭教育的基本规律，提高科学育儿水平，具备正确的教育观。

学习建议

学校教育、家庭教育、社会教育是幼儿教育的三大支柱，教师要引导学生全面了解家庭、幼儿园和社区合作共育的现状，通过多种途径、多种方法开展相关幼教工作。同时，在实践中不断探索，为幼儿园家长工作、社区工作增添新内容，为拓宽共育渠道寻找新的有效途径。

思维导图

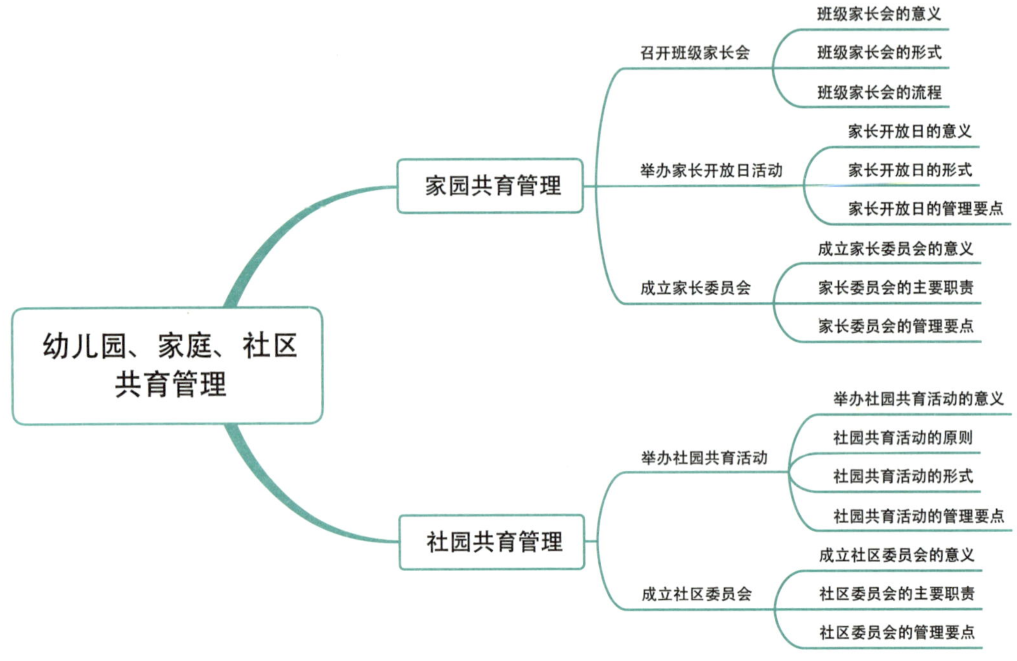

笔记栏

任务一 家园共育管理

任务背景

家园共育是幼儿教育工作必不可少的部分，它是指家长和幼儿园共同完成对幼儿的教育，包含了家庭教育和幼儿园教育两个因素。从《中华人民共和国教育法》《幼儿园工作规程》《幼儿园教育指导纲要（试行）》等相关法律和文件能够看到，家园共育不仅仅是意识和理念的问题，更是责任和义务的问题。随着时代的发展，整合和利用家长教育资源，实现幼儿园教育与家庭教育的同步协调发展已成为广大幼教工作者的共识。

任务目标

1. 掌握班级家长会的形式和流程。
2. 掌握家长开放日的形式和管理要点。
3. 掌握家长委员会的主要职责和管理要点。

任务准备

搜集家园沟通的相关案例。

任务实施

步骤一 知识梳理

一、召开班级家长会

（一）班级家长会的意义

家长会是由班主任主持召开的学生家长会议，主要内容是宣传学校的教育思想、教改计划和措施，汇报学生的学习成绩、思想状况，介绍成功的家庭教育方法，邀请家长参与班级管理，明确对家长的某些要求等。

开好家长会是家长与学校共同教育学生的一个重要环节。通过家长会，家长可以更好地了解教师的人格魅力，懂得管理学生的重要性，明白如何管理等；

笔记栏

教师可以更好地了解学生的家庭背景，拉进家长与教师、班级的距离，为融洽的家校合作关系奠定良好的基础。

（二）班级家长会的形式

1. 全班家长参与的班级家长会

召开班级全体家长参与的班级家长会是教师进行班级管理工作最常运用的一种家长工作方法。它具有参与人数多、信息传播量大、效果明显等特点，对象一般是班级教师和班级全体幼儿家长，时间一般在开学初、学期末或班级重大活动开展之前，内容一般是由班级教师事先准备、策划好的，主要是为了让家长直接了解孩子所在班级的教育要求和孩子在班级里生活学习和发展的情况，增进家长之间的互相沟通和家庭教育经验的交流。

2. 非全班家长参与的班级家长会

（1）家长沙龙、小型研讨会或座谈会

这种类型的家长会针对部分家长、幼儿存在的困惑、问题及需要召开。教师和家长共同商定家园共育策略，有助于提高家园共育的实效。参加这种家长会的对象不是固定的，一般人数不多，不超过 10 位家长。

（2）妈妈或爸爸家长会、祖辈家长会等

这种类型的家长会针对特定的人群，如妈妈、爸爸或者爷爷、奶奶等，因为大家在家庭中的角色一致，在交流、讨论中更容易放开，不会出现大家一言不发或讨论氛围僵化、冷场的情况。而且教师在组织这类家长会的过程中比较容易操作，气氛相对活跃。

由于家庭角色一致，参与这类家长会的家长在家庭教育中碰到的问题或者困难也会相对集中，召开这样的交流会，容易引起家长共鸣。

（三）班级家长会的流程

1. 会议的准备

（1）思想方面的准备

教师首先在思想上要有开好家长会的信心和勇气，明确《纲要》提出的“家庭是幼儿园重要伙伴”的真正含义，清楚自己该表现出的教师形象和精神状态，让家长感觉到一种尊重、平等的氛围，了解到需要合作的事项。

（2）发言稿的准备

在确定主题后，教师要针对本班确定的主题搜集、准备大量的素材，拟定自己的讲话内容，如教育文献资料、本班幼儿实例、教学中采取的措施和方法、家长需要配合的工作以及共同关注的问题等，思路清晰、语言流畅、言简意赅，

笔记栏

多讲一些教育孩子的方法，少一些指责，力求家校教育的统一。

（3）物质材料的准备

为丰富家长会的内容，让家长更为直观地了解幼儿园教育教学活动的情况，物质材料的准备必不可少。教师可根据需要准备教学照片、宣传视频、纸杯茶水、手工制作以及互动游戏等。

（4）人员准备

班级保教人员应根据自己承担的保教任务参与家长会，一方面便于家长全方位地了解班级情况，了解每位教师；另一方面也便于保教人员更好地展现自己，展现班级团结协作的管理状态，让家长感受到彼此信任、彼此合作的氛围。同时，建议让幼儿参与家长会，有了孩子的参与，气氛会比较轻松，家长也更愿意投入其中，效果自然也会更好。

2. 会议的流程

（1）会前向家长发布“班级家长会通知”。教师可以通过班级微信群、幼儿园公众号等形式发布通知，除了时间、地点等基本内容外，还要告知家长班级家长会的预设内容，便于家长有准备地参加。

（2）家长签到。

（3）先到的个别家长可进行个别交流。

（4）会议主要内容的具体实施。

（5）与个别家长进行交谈，交谈对象的选择依据是：①上学期有特殊情况（如有问题的、沟通少的）的幼儿家长；②本学期的插班生家长。

（6）做好家长会反馈信息的收集整理工作，为以后的家长会做准备。

3. 会议的组织策略

（1）通过多种途径了解家长的需求；换位思考，理解家长的需求；精心准备，满足家长的需求。

（2）提前准备、及时沟通，吸引家长按时到会；导入新颖、过渡自然，引导家长尽快融入其中；态度亲切、面向全体，注重与家长沟通的策略。

（3）内容丰富、实事求是，向家长传递全方位信息；主题贯穿、环节清晰，给家长留下深刻的印象。

（4）家长亲身体验在前、教师专业指导在后，让家长感同身受；选择家庭教育的典型案例，与家长一同分享经验，为家长解答疑惑；巧设颁奖环节，激励更多家长积极参与。

一次集中的家长会，不可能解决所有问题或解答所有家长提出的疑惑。家

笔记栏

长会结束后，班主任应认真落实家长提出的要求，适时地与家长交换意见、会后再访或跟进，有针对性地坚持开展个别教育，不断巩固家长会的成果，从而提高家长整体的家庭教育水平。另外，班主任还要对本次家长会的效果及时进行反思，思考下一步要开展哪些工作等。

二、举办家长开放日活动

（一）家长开放日的意义

家长开放日是指幼儿园在特定的时间向幼儿家长开放班级的各种教育教学活动。家长观摩或参加幼儿园的活动，可以从中具体了解幼儿园教育工作的内容、方法，可以亲眼看到自己孩子各方面的表现，得知孩子的发展水平与交友状况，特别是可以看到自己的孩子在与同龄幼儿相比时显示出的优势与不足，从而有助于家长深入了解孩子，与教师合作，有针对性地教育孩子。同时，家长在观摩与参与活动的过程中，还可以观察到教师的教养态度、方法、技能，领会教师的教育要求和方法，增进家长对幼儿园工作的认同感，以更好地借鉴和改进家庭教育方法。因此，在家长开放日这个特定的活动中，家园双方应该是一种互动互助的关系。家长是幼儿园教育工作的参与者、评价者，而教师应为家长搭建平台、提供支持、给予指导，双方共同关注幼儿的成长，为幼儿一生的发展打下良好的基础。

（二）家长开放日的形式

家长开放日可采用多种形式，让家长多角度了解幼儿的在园生活。常用的家长开放日的活动形式有以下几种。

1. 观摩活动

幼儿园邀请家长观摩幼儿的教育活动，如学习活动、生活活动、运动活动、游戏活动等。由于幼儿教师接受过专门的培训，他们的教育方法和技能可以为家长提供实地学习的机会，有利于家长获得有益的启发，以便实施良好的家庭教育。

2. 家长助教活动

班级教师在全面了解各位家长的兴趣、特长、工作性质的基础上，可以聘请家长做“教师”，组织教育活动，如让在交警队工作的家长给幼儿讲解交通安全知识，消防队的家长组织幼儿进行消防安全演习等。这样能最大限度地唤醒家长的主人翁意识，使其成为家长开放日活动的积极参与者。

笔记栏

3. 亲子活动

幼儿园组织由家长与幼儿共同参与的活动，如亲子游园活动、亲子趣味运动赛、亲子才艺秀、亲子制作活动、家庭小品赛等。举办亲子活动的目的是便于教师现场指导，使家长在与幼儿共同活动的过程中获得亲子合作和互动的经验。

4. 节日庆典活动

班级教师邀请家长参与幼儿园组织的节日庆祝活动，观看幼儿演出，如喜迎六一活动、欢度元旦等，让家长在庆祝活动中学习怎样寓教于乐。

班级教师还可以发放“家长开放日安排意向调查表”，对参加活动的家长人数、感兴趣的活动内容、开放时间等进行摸底，用“提案表”的形式向家长广泛征集建设性意见，从而使家长开放日更有目的、更具实效。

（三）家长开放日的管理要点

1. 活动前的准备

教师可以先对家长进行一些访问、调查，围绕他们关心的问题确定活动主题。教师作为家长开放日活动的组织者，必须在实施活动前明确以下问题：为什么要开展这次活动？通过这次活动希望家长了解什么，有什么样的收获？只有这样，幼儿教师才能有的放矢地做好家长开放日活动计划。另外，教师要注意做好场地、材料、时间等方面的准备，整理好幼儿的观察记录，保存好幼儿的课堂作业和平时积累的作品，以帮助家长全面了解孩子在幼儿园中各方面的表现。

2. 活动中的指导

教师在家长会时要强调说明活动的目的，以及家长在活动中的主要任务和活动中可能会出现的问题，如有些幼儿平时在班上表现得很积极、踊跃，但一看到这么多人或者来到陌生的环境时可能会有些胆怯等，希望家长可以理解。

另外，教师要向家长讲解注意事项，让家长不干扰幼儿的正常活动。家长应尽量让幼儿自主表现，不包办代替，切忌当面批评幼儿。在活动过程中，教师可以“见缝插针”地与家长进行一些简单的交流，这不仅向家长表明了教师对幼儿的关注，还可以增进教师与家长之间的感情。

3. 活动后的交流

教师应留出一定的时间让家长相互交流。不同类型的家长在活动中的收获是不同的，这种差异恰恰为交流提供了可能性。教师应该鼓励家长根据自己的观察，讲述自己在本次活动中的心得以及发现的问题、产生的疑惑。家长的相

笔记栏

互交流可以围绕一个事先确定的中心话题进行，也可以不预设中心话题，请家长谈谈自己的感想。家长可能会向教师或幼儿园提出一些意见，教师不要急于对家长的发言进行评价，也不要急于为幼儿园或教师自身的教育行为辩解，而应鼓励其他家长就这一问题发表自己的见解。这样才能形成一种真正的讨论氛围，实现家园之间交流、沟通的目标。

家长工作并不止于开放日当天，教师应将此作为幼儿园家长工作的一个新的突破口。在开放日活动中，教师可以选择几名家长，观察他们在活动中与幼儿的互动方式，并在活动结束后与之进行交流。这样的交流可以持续一段时间，主要在家长接送孩子时进行。

三、成立家长委员会

（一）成立家长委员会的意义

家长委员会是代表全体家长和幼儿利益的常设性群众组织，家长以合作者的身份，直接参与幼儿园班级的教育和管理。建立家长委员会，对于发挥家长作用、促进家校合作、优化育人环境、建设现代学校制度，具有重要意义。

家长委员会可以落实家长作为教育主体的地位，使家园互动充满活力。它不仅作用于幼儿园，同时还作用于每一位家长，成为家园实现同步教育不可缺少的一部分。家长委员会起着联系幼儿园和家庭的桥梁和纽带作用。幼儿园可从中了解家长的意见和需求，家长也可通过家长委员会及时反映问题和建议，从而起到很好的督促作用。

（二）家长委员会的主要职责

1. 参与班级管理

对班级工作计划和重要决策，特别是事关幼儿和家长切身利益的事项提出意见和建议；对班级教育教学和管理工作予以支持，积极配合；对班级开展的教育教学活动进行监督，帮助班级改进工作；反映学生和家长的利益诉求，与园方展开对话、协商。

2. 参与教育工作

发挥家长的专业优势，为班级教育教学活动提供支持；发挥家长的资源优势，为幼儿开展园外活动提供教育资源和志愿服务；发挥家长自我教育的优势，交流、宣传正确的教育理念和科学的教育方法；引导家长履行监护人责任，配合学校提高幼儿安全意识和自护能力，支持幼儿园开展各类实践活动。

笔记栏

3. 促进家校沟通

向家长通报幼儿园和班级近期的重要工作和准备采取的重要举措，听取并转达家长对幼儿园和班级工作的意见和建议；向班级及时反映家长的意愿，听取并转达班级对家长的希望和要求，促进幼儿园、班级和家庭的相互理解。多做化解矛盾的工作，把可能出现的问题解决在萌芽状态。

（三）家长委员会的管理要点

1. 做好家长委员会的组建工作

家长委员会的组建要按照一定的民主程序，本着公正、公平、公开的原则，在自愿的基础上，选举出 5 ～ 7 名（其中，主任委员 1 名，副主任委员 2 名，委员 2 ～ 4 名）能代表全体家长意愿的在校学生家长。作为家长委员会成员的家长应具有正确的教育观念，掌握科学的教育方法，热心学校教育工作，富有奉献精神，有一定的组织管理和协调能力，善于听取意见、办事公道、责任心强，能赢得广大家长的信赖。组建家长委员会时，一定要明确家长委员会的工作目的，认真甄选家长委员会成员，选出符合条件的优秀家长代表。

2. 规范家长委员会的日常工作

建立健全班级家长委员会的运行机制，规范家长委员会的日常工作，构建以家长委员会建设为主体的家庭教育网络，并结合班级中心工作，指导家长委员会工作，监督、检查执行情况。

3. 明确家长委员会的权利与义务

只有权责明确，家长委员会才能发挥出更大的作用。家长委员会的权利包括知情权、建议权、监督权、评价权、参与权，即有了解班级保育及教育情况、管理工作、发展规划及其他有关情况的权利，有对班级工作及规章制度提出建议和意见的权利，有对班级各项工作进行监督的权利，有对班级各项工作进行评价的权利，还有向幼儿园管理部门反映班级情况的权利。

家长委员会的义务有：大力协助班级做好各项工作，及时反映家长的意见及建议，积极开展家庭教育的经验交流活动，充分发挥自身的示范榜样作用。

4. 建立健全评价体系

对家长委员会工作的评价是必需的，因为只有这样才能更好地提升家长委员会的工作效力。参与家长委员会评价的主体有家长、教师，评价内容包括家长委员会成员是否有服务精神、是否有工作意愿、是否有实施能力、是否有奉献时间等。在评价的时候要遵循公平、公正、公开的原则，为家长委员会之后

笔记栏

改进工作提供依据，提高家长委员会成员的积极性和责任感，并提高家长的参与度。

5. 按时进行换届选举

为了让更多的家长参与班级管理，防止部分家长在工作中产生懈怠，保证家长委员会工作的活力，家长委员会应每学年进行换届选举。家长委员会换届时，要注意做好交接工作，向新成员介绍目前的工作状况、工作中遇到过的问题、最近亟待解决的问题等，让新成员熟悉并适应工作。

做好家园共育的三个小窍门

步骤二 任务实训

1. 小组讨论：在幼儿教育的过程中，如何善用家长资源，才能形成家园合作共育的良好局面？

◎小组一：

◎小组二：

◎小组三：

◎小组四：

◎小组五：

◎学习收获：

2. 幼儿园教师常常会让家长携带废旧材料、实物入园，便于孩子开展游戏和进行教学，但家长并不知道教师组织活动的目标、要求，有时会感到厌烦。如果你是班主任，请针对这一问题设计一次主题班会。

◎情况分析：

◎班会策划方案：

3. 许多家长认为幼儿园应该教孩子多写字、多认字、多做题，少做游戏，忽略了培养孩子学会生存、学会合作、学会交往的能力，对此你怎么看？

◎情况分析：

◎教育策略：

步骤三 思考提升

1. 家园共育的意义是什么？影响家园共育的因素有哪些？
2. 请以小班为例，设计一份班级家长委员会活动记录表。
3. 如果你是主班教师，你将如何发挥家长委员会的纽带作用？

步骤四 任务评价

<table>
<tr><th>序号</th><th>评价要点</th><th>评分依据</th><th>分值范围</th><th>教师评分</th></tr>
<tr><td>1</td><td>对班级家长会的意义、形式、流程等内容的掌握情况</td><td rowspan="3">要求学生针对所应掌握的相关内容形成文字材料，提交给教师作为评分依据</td><td>0~10 分</td><td></td></tr>
<tr><td>2</td><td>对家长开放日的意义、形式、管理要点等内容的掌握情况</td><td>0~15 分</td><td></td></tr>
<tr><td>3</td><td>对家长委员会召开的意义、主要职责等内容的掌握情况</td><td>0~15 分</td><td></td></tr>
<tr><td>4</td><td>学生课前准备及课堂表现情况</td><td>1. 课前准备材料需提交给教师作为评分依据
2. 教师根据学生在课堂上的表现或个人突出表现进行评分</td><td>0~20 分</td><td></td></tr>
<tr><td>5</td><td>在“任务实训”环节的表现情况</td><td>1. 依据实训中的个人表现评分
2. 依据实训中文字材料的丰富性评分
3. 依据实训优异程度评分</td><td>0~20 分</td><td></td></tr>
<tr><td>6</td><td>“思考提升”的完成度</td><td>1. 依据文字材料评分
2. 依据完成优异情况评分</td><td>0~20 分</td><td></td></tr>
<tr><td colspan="4">得分（总成绩 100 分）</td><td></td></tr>
<tr><td>教师评语</td><td colspan="4"></td></tr>
</table>

笔记栏

任务二 社园共育管理

任务背景

《幼儿园工作规程》第五十五条指出："幼儿园应当加强与社区的联系与合作，面向社区宣传科学育儿知识，开展灵活多样的公益性早期教育服务，争取社区对幼儿园的多方面支持。"社园共育是当下幼儿园工作的难点，幼儿教师应将幼儿园与社区教育资源融为一体，依托社区、服务社区，提高社区教育水平，促进幼儿教育的社会化，实现幼儿园与社区的双赢局面。

任务目标

1. 掌握社园共育活动的形式和管理要点。
2. 掌握社区委员会的主要职责和管理要点。

任务准备

社园共育活动方案、照片。

任务实施

步骤一 知识梳理

一、举办社园共育活动

（一）举办社园共育活动的意义

社园共育活动是有目的、有计划、非个别班级师生参与的、具有一定规模的综合性教育活动。通过举办社园共育活动，可以扩展幼儿生活和学习的空间，有效补充幼儿园的教学活动，丰富幼儿园的教学内容与教学形式，增进幼儿园与社区的互动关系，更好地实现社园共育。

（二）社园共育活动的原则

1. 双向互动原则

双向互动是幼儿园与社区二者紧密合作的前提。二者的合作共育不存在谁

笔记栏

主导谁的问题，而在于双方应形成合力。一方面，幼儿园应及时了解社区的需要，主动为社区居民服务，发挥自身的辐射功能，促进学习型家庭及社区的建设；另一方面，社区应为幼儿园提供优秀的物质环境资源、人力资源及文化资源等。二者相互尊重、相互扶持，形成良好的双向互动。

2. 安全性原则

幼儿园要在实际工作中建立正规的制度，加大幼儿安全保障力度，通过多种途径保护幼儿在活动中的安全：首先，幼儿园应与社区有关工作部门沟通，加强社区内的安全设施建设，危险处为幼儿设置专门的警示标志，尽量减少不安全因素；其次，幼儿园在外出活动前应召开教师集中研讨会，针对活动中幼儿可能出现的意外做出预备方案，严格控制外出活动的规模和师幼比例。如需要大量幼儿外出，可分小群体多次出行；在活动之前征求家长的同意与配合，尽量鼓励家长参与活动，降低幼儿外出可能会面临的风险，保证活动效果。

3. 兴趣性原则

社园共育活动要从幼儿的兴趣入手，依据各年龄段幼儿身心发展的特点开展活动。通过社园共育活动，不断发展和提升幼儿的兴趣水平，以达到促进幼儿身心发展的目的。

4. 因地制宜原则

社园共育活动的开展应从社区和家长的实际情况出发，以当时、当地的条件为前提，选择适宜的活动内容和活动形式，提供适合各类活动开展的玩具、材料，设计和开发能够促进幼儿身心发展的活动项目。

（三）社园共育活动的形式

1. 请进来

“请进来”主要是指通过“社区导师”“社区同步游戏”“社区辅助教学”等形式，鼓励社园互动，将社区中可移动的资源“请进”幼儿园。对于不能移动或不便移动的，可以采取绘画、录音、录像等方式，将社区的影音、图像等带入幼儿园教学情境，从而使社区资源真正走进幼儿园。

2. 走出去

（1）与大自然对话

幼儿园可以充分利用周边独有的社区资源优势，组织幼儿参加实践、交流表达、动手尝试，让每一个幼儿都能与大自然对话，如春暖花开时，幼儿园附近的花园就是很好的资源，教师可以带幼儿观察动植物的生长变化，使大自然成为“活教材”。

5-2-2

笔记栏

（2）在生活中体验

教师可以充分利用丰富的社区资源，带幼儿走入现实生活，体验生活的本色，如带幼儿进行商品调查、户外教学、社区访问、社区参观等。这些活动都能够带给幼儿亲身体验和直观感受，将幼儿的生活和学习真正融为一体。

（3）为社会服务

在“走出去”活动中，教师可以组织幼儿学习为社区服务，如认养树木、美化环境、为老人服务、参与节日活动等，以及带领幼儿到社区展示自己的学习成果，进行美术展览、舞蹈表演等，让幼儿融入社区生活，为社区服务做宣传。

社园共育活动的资源

1. 社区的物质资源

社区的物质资源主要包括社区的花草树木、景观建筑、机构设施等。广阔的田野、茂盛的蔬菜园区、秀丽的公园、忙碌的工厂、整洁的道路、历史遗迹等，都为幼儿教育提供了独特的教育资源。教师要组织幼儿走出幼儿园，走向广阔的天地、丰富的社会，让幼儿去看、去听、去触摸，感受与幼儿园内教育截然不同的快乐。

2. 社区的人力资源

社区蕴含着丰富的人力资源。首先，家长是可以最大限度使用的教育资源。幼儿家长一般来自不同的岗位、不同的职业，他们在一定程度上显示了社会的丰富多彩。幼儿教师可以邀请不同职业的家长到幼儿园和孩子们一起活动，让幼儿了解各行各业。其次，社区中有各行各业的人员，如消防员、超市收银员、清洁工等，他们以自身的劳动展示着多彩的社会生活，给幼儿认识社会角色提供了丰富的素材。另外，社区里的离退休老人、劳动模范、民间艺人等更是潜在的教育力量，邀请他们融入幼儿活动，幼儿会更容易接受，也能起到补充幼儿园教育的作用。

3. 社区的文化资源

每个社区都有自己的文化特色，大到风俗节日、民间传统，小到社区居民的仪表言谈、邻里关系、文明素养等。优秀的社区文化是公共无形的教育资源，同样也是幼儿园教育的宝贵资源。有的幼儿园常常利用节日活动对幼儿开展教育，如国庆节前后带领幼儿到历史博物

笔记栏

馆参观，进行爱国主义教育；重阳节带幼儿到社区慰问老人，送自制礼物、表演节目，教育幼儿尊敬老人。有的幼儿园则善于发掘本地特色，把当地的刺绣、剪纸带入幼儿园，让幼儿近距离感受民族文化的魅力。

（四）社园共育活动的管理要点

1. 做好社园共育活动的组织工作

举办社园共育活动前要对活动目标进行充分讨论，明确活动目的，做好活动计划和活动准备的检查。活动结束后，要通过各种渠道接收各方面的反馈意见，以此评价活动的效果，并对活动进行总结和反思。

2. 调动家长和幼儿的积极性

教师要通过家长会、公众号、微信群等形式向家长宣传即将举办的社园共育活动，让家长了解活动的内容和意义，争取获得宝贵的家长资源，引导家长积极参与，让他们在参与过程中感受幼儿的成长以及亲子互动的快乐。同时，教师要注意调动幼儿的积极性，让幼儿成为社园共育活动最基层的落实者、问题的发现者和优化方案的实施者。

二、成立社区委员会

（一）成立社区委员会的意义

社区委员会由社区内街道居委会、企事业单位以及各种与幼儿教育有密切联系的职能部门和经济实体参与组成。社区委员会成立的目的在于架起幼儿园与社区之间的桥梁，加强教师和家长、社区之间的合作关系。

（二）社区委员会的主要职责

社区委员会应充分发挥其参教、议教、资教、助教的作用，使得幼儿园教育与社区教育紧密联系。社区委员会可以负责家长教育，投放幼儿园教育、家长教育材料，协助家园合作的研究和实践工作，参与教育决策和监督，组织大型联欢活动，组织义演、义卖、献爱心活动等。

（三）社区委员会的管理要点

1. 灵活利用社区软环境

社区委员会应全面了解社区住户的职业，并努力与他们建立密切联系，鼓励他们参与幼儿教育。例如，请社区医生为家长讲授幼儿卫生知识，解答关于幼儿保健方面的问题；把厨师、有营养师资格证的家长和需要解决幼儿饮食搭配难题的家长请到一起举行座谈会，对幼儿饮食营养、搭配等存在的疑惑或者误区进行解答、纠正，以促进幼儿饮食健康等。

5-2-4

笔记栏

2. 宣传科学育儿知识

社区委员会应积极、主动地创造条件，大力宣传科学育儿知识，一方面可以发放传单或者举办育儿讲座，增加家长之间的互动交流；另一方面可以筹集资金建立社区“玩具图书馆”，培养幼儿的早期阅读能力和良好的人际交往能力，同时，也能让家长学习一些育儿知识。

3. 招募热心志愿者

招募一批志愿者，也是帮助解决幼儿教育难题的有效方法之一。如果社区委员会把热心、空闲的居民或者家长集中起来，让他们帮助无法按时接送幼儿的家长，就可以解决很多家庭的后顾之忧。幼儿园琐事很多，这些志愿者可以帮助幼儿园解决很多问题，同时也让家、园、社区联系得更紧密，真正实现合作共育。

4. 积极参与三方联谊活动

幼儿园可以把自身角色定位为活动的“主办人”，邀请“宾客”——家庭和社区共同参加“联欢”，也就是经常组织开展合作共育活动。三方通过各种合作共育活动可以加强了解和联系，如举办亲子运动会、趣味游戏、节目表演或者育儿知识抢答竞赛等，为家庭、幼儿园、社区创造交流的机会。

作为家庭教育与幼儿园教育的补充与延续，社区教育能够扩展幼儿的学习空间，通过在社区开展各种各样的服务性活动，为家长提供教育咨询服务，从而形成三方教育的合力，为幼儿的全面发展发挥积极的作用。

步骤二 任务实训

1. 假期来了，社区的活动室热闹了。一边是幼儿园老师给社区的小朋友们带来的各种丰富的小课堂，有绘本讲述、情绪绘画、专注力训练小游戏等，另一边是教育专家给社区的家长带来的家庭教育系列讲座和沙龙。这些都是由社区委员会组织策划的，对于他们的策划，你有什么看法？

2. 分组讨论：幼儿园可以和社区共同开展哪些活动？

◎小组一：

◎小组二：

◎小组三：

◎小组四：

3. 任意选择一个节日，设计一份社园共育活动方案。

◎社园共育活动方案：

步骤三　思考提升

1. 幼儿园为什么要开展社园共育活动？活动中需要幼儿园教师把握好哪些管理要点？

2. 谈谈你对“家校社共育能融洽社群关系”这句话的理解。

步骤四　任务评价

<table>
<tr><th>序号</th><th>评价要点</th><th>评分依据</th><th>分值范围</th><th>教师评分</th></tr>
<tr><td>1</td><td>对社园共育活动的原则、资源分布等内容的掌握情况</td><td rowspan="3">要求学生针对所应掌握的相关内容形成文字材料，提交给教师作为评分依据</td><td>0~10 分</td><td></td></tr>
<tr><td>2</td><td>对社园共育活动的形式和管理要点的掌握情况</td><td>0~15 分</td><td></td></tr>
<tr><td>3</td><td>对社区委员会主要职责和管理要点的掌握情况</td><td>0~15 分</td><td></td></tr>
<tr><td>4</td><td>学生课前准备及课堂表现情况</td><td>1. 课前准备材料需提交给教师作为评分依据
2. 教师根据学生在课堂上的表现或个人突出表现进行评分</td><td>0~20 分</td><td></td></tr>
<tr><td>5</td><td>在“任务实训”环节的表现情况</td><td>1. 依据实训中的个人表现评分
2. 依据实训中文字材料的丰富性评分
3. 依据实训优异程度评分</td><td>0~20 分</td><td></td></tr>
<tr><td>6</td><td>“思考提升”的完成度</td><td>1. 依据文字材料评分
2. 依据完成优异情况评分</td><td>0~20 分</td><td></td></tr>
<tr><td colspan="4">得分（总成绩 100 分）</td><td></td></tr>
<tr><td>教师评语</td><td colspan="4"></td></tr>
</table>

项目六 幼小衔接工作管理

古为今用

古文：

与其临渊羡鱼，不如退而结网。

——〔东汉〕班固《汉书·董仲舒传》

今用：

"与其临渊羡鱼，不如退而结网"的意思是与其站在水边想得到鱼，不如回家去结网。比喻空有愿望而没有措施，对事情发展毫无用处。幼儿园与小学的衔接工作是指幼儿园和小学根据幼儿身心发展的阶段性和连续性规律及幼儿可持续发展的需要，做好两个阶段的衔接工作，以使幼儿尽快地适应新的学习生活，避免或减少两个学习阶段间存在的差异给幼儿身心发展带来的负面影响，从而为其进入小学后的发展及终身发展打下基础。只有做好幼小衔接的各项准备和实施工作，才能帮助幼儿平稳过渡。本项目为学生梳理出幼儿、教师、家长在幼小衔接工作中需要准备的内容，让学生掌握在一日生活、家园共育、主题活动中实施幼小衔接的方法，提升专业技术能力，达到学以致用的目的。

学习目标

1. 知识目标：了解幼儿、教师、家长在幼小衔接工作中需要准备的内容。
2. 技能目标：掌握在一日生活、家园共育、主题活动中实施幼小衔接的方法。
3. 素质目标：积极指导家长科学育儿。
4. 思政目标：树立正确的幼小衔接教育观念，促使幼儿身心健康发展。

学习建议

近几年，幼小衔接工作备受社会各界的关注和重视。幼儿教师要充分认识到幼小衔接阶段生活环境、师生关系、教学方法等方面出现的变化将给孩子带来的影响，多关注幼儿心理上的变化，着重对孩子习惯的培养，适时转变班级组织工作方法，才能科学地从生理、心理、行为习惯等方面帮助孩子做好入学前的准备。

思维导图

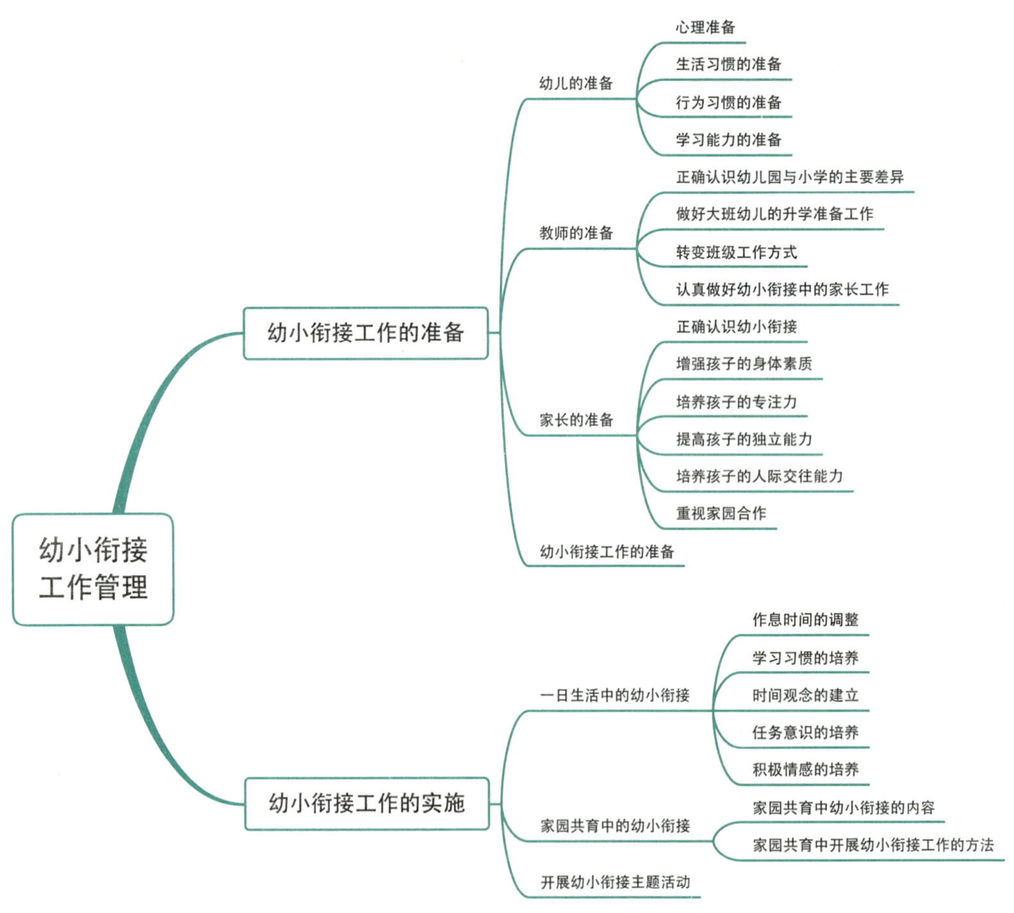

笔记栏

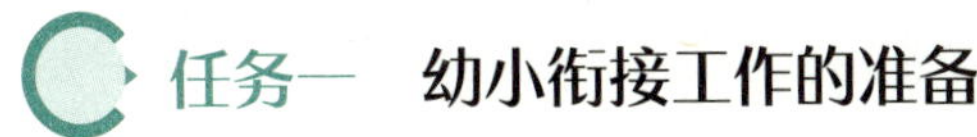

任务一 幼小衔接工作的准备

任务背景

《幼儿园教育指导纲要（试行）》明确指出：“幼儿园与小学相互衔接，综合利用各种教育资源，共同为幼儿的发展创造良好的条件。”幼小衔接就是指由幼儿园进入小学低年级在教育方面的连接。幼儿园与小学是两个根据儿童不同发展阶段的特点而设立的、具有不同教育任务的教育结构，从幼儿园进入小学，学习环境和内容都发生了很大变化，因此，顺利实现幼儿园到小学的衔接，需要幼儿、教师和家长共同做好准备工作。

任务目标

1. 了解幼儿在幼小衔接工作中需要准备的内容。
2. 掌握教师在幼小衔接工作中需要准备的内容。
3. 了解家长在幼小衔接工作中需要准备的内容。

任务准备

幼小衔接规范性政策文件、教育案例。

任务实施

步骤一 知识梳理

一、幼儿的准备

幼儿园时期的教育形式主要是以游戏和能力发展为主，而小学的教育形式主要是以正规课业和静态知识的学习为主。两者教育方式的不同，需要幼儿通过身心调整来适应，具体包括以下几个方面。

增加幼儿上小学的信心

（一）心理准备

对即将离开幼儿园进入小学的孩子来说，这是他们人生的一个转折点，他

笔记栏

们由事事依赖父母逐渐过渡到事事独立完成，所适应的以游戏为主要形式的活动转变为以学习为主要形式的活动，课前要预习，课后要复习功课或做作业。因此，幼儿进入小学前一定要做好充分的心理准备。

（1）有强烈的求知欲。教师应将探索问题的工作交给幼儿，发展大班幼儿发现问题、解决问题的能力。

（2）有一定的控制能力。能控制冲动，上课不做小动作，坚持完成规定的任务。

（3）锻炼初步的抽象逻辑思维能力和一定的想象力。大班各项活动应着重引导幼儿去猜测、假设并引导幼儿记录试验过程，幼儿思维的抽象、概括水平会因此获得发展。

（4）具备一定的社会交往能力。在大班后期应加强幼儿的社会交往和言语交流培养，引导幼儿学会使用表达心理状态的词语，如“希望”“想要”“觉得”等。

（二）生活习惯的准备

1. 适应小学的作息时间

幼儿园上课时间为 9：00 左右，小学上课时间为 8：00 左右，比幼儿园提前了一个小时。小学一般不安排早餐，幼儿需要在家里吃完早餐再上学。所以，幼儿每天的起床时间就要提前了。另外，从幼儿园到小学，幼儿每天的休息和睡眠时间也变少了，需要合理安排一日生活。

2. 具备一定的生活自理能力

幼儿园是保教并行，有三个随班教师。而小学教师的工作重心是学生的学习，并不负责照顾学生的日常起居。小学和幼儿园相比，每班的人数增多，教师数量减少，一些简单的事情必须由学生自己去做，这就要求他们具备一定的生活自理能力。

入学前，幼儿应掌握以下基本的生活自理能力：具有良好、文明的进餐、睡眠、排便、盥洗等生活和卫生习惯，能自己整理仪表，会动手整理好自己的物品，掌握自我保健的有关常识和简单方法。这些看似都是小事情，但如果幼儿在集体环境中处理不好，很可能会遭到其他同学的嘲笑，进而产生厌学情绪。

（三）行为习惯的准备

1. 养成良好的坐姿习惯

正确的坐姿应该是：身子上半部坐直，头部端正，目视前方，两手放松置于身体两侧，双腿平放，胸膛挺起，切忌趴在桌上，或者跷脚架腿。良好的坐姿不

笔记栏

仅显示出一个人的精神状态和个人修养，而且有利于幼儿骨骼生长和身体健康。

2. 做好课前准备工作

幼儿在进行学习活动前，要用10分钟的时间，完成喝水、如厕等事项，把上课用的书、本子、笔拿出来，并摆放整齐，安静等待老师来上课。学习活动开始后，幼儿就需要专心投入学习。

3. 养成良好的交际习惯

别人说话时，幼儿要专心致志地听，了解对方说话的主要内容。自己说话时声音要适度，口齿清楚，语速适中，使对方能听懂自己要表达的意思。成人应注意在日常活动中引导幼儿使用礼貌用语，提高交往能力。

4. 养成讲卫生的习惯

讲卫生是一个人文明的重要体现。幼儿要养成讲卫生的习惯，勤洗手、不轻易用手碰鼻子或眼睛、不吃不洁的东西，比如有的幼儿喜欢咬铅笔等，需要对其予以纠正。

（四）学习能力的准备

1. 阅读准备：每天阅读20分钟

每次阅读时，让幼儿自己看时间、遵守时长，巩固对时钟的认识；多选择一些文字较多的图书，让幼儿提前感受书面文字，以积累阅读经验。这样能帮助幼儿在阅读习惯、时间观念、书面文字感受、自我约束等方面过渡到有规律的学习。

2. 书写准备：练习写自己的名字

幼小衔接阶段，培养幼儿养成良好的坐姿、握笔姿势，学会书写自己的名字，都是很重要的。这些习惯和能力能够帮助幼儿在进入小学后养成良好的学习习惯。

3. 时间管理准备：理解时间的概念

遵守时间，有一定的时间概念，知道什么时候上课、什么时候下课，是小学生基本的时间管理能力。大班的学习时间一般是30分钟，注重动静交替、游戏及幼儿的参与性等；而小学上课时间更长一些，一般是40分钟，与幼儿园相比更为安静，并有严格的课堂纪律。

资料链接

幼儿在进入小学前根据一定的时间表进行自我管理是很好的锻炼方式，能够有效地提升幼儿自主规划时间、管理时间、按照规定和要

笔记栏

求完成任务的能力。对于幼儿而言，做好幼小衔接的准备要达到以下标准：一是“学习感兴趣”，即幼儿对学习内容本身充满好奇和兴趣，能积极、主动地学习，不懂就问；二是“活动能合群”，即幼儿在日常学习中，能与老师、同学、朋友和睦相处；三是“生活有条理”，即幼儿能独立、自主地将包括学习在内的基本生活起居安排妥当。

二、教师的准备

孩子从幼儿园进入小学学习，是他们成长中的一件大事。如何让幼儿愉快地进入小学，自信、独立地开启小学生活呢？作为幼儿教师，应如何做好幼小衔接工作呢？

（一）正确认识幼儿园与小学的主要差异

1. 学习环境的变化

幼儿园的教室与活动室，一般都会布置得美观、活泼和富有乐趣，为幼儿创设了积极、轻松的学习氛围。而小学教室往往只有桌椅、黑板，每个人的座位相对固定，没有自由的区角、玩具柜等，初期对幼儿缺乏吸引力。

2. 学习形式的变化

幼儿园教育是以游戏为主要形式的，幼儿可以自主选择自己喜欢的同伴和玩具，每天的户外活动也都是以游戏的方式进行。上课是小学阶段的主要学习形式，无论学生对所学的课程是否感兴趣，都要根据规定学好相关课程。在小学阶段，平均一天会有 4 ～ 6 节课，每节课 40 分钟。

3. 师生关系的变化

幼儿园每班一般是 2 ～ 3 位教师，对幼儿生活上的照顾较多，师生之间的关系和谐、亲密、融洽。而小学教师的精力主要放在学科教学上，更注重教学进度、作业批改以及课堂纪律。因此，新入小学的幼儿可能会感到压抑和生疏。

4. 教学方式的变化

幼儿园知识的传授贯穿于幼儿的一日生活，教学具有直观性、综合性、趣味性和多样性的特点，是在玩中学、学中玩。而小学是以学习书面语言为主，强调系统的文化知识教育和读写、算术等基本技能的训练，需要学生勤奋、刻苦才能完成学习任务。

以上几个方面说明，幼儿教师只有充分地认识到这些变化将给幼儿带来的影响，才能科学地从生理、心理、行为习惯等方面为幼儿做好入学前的准备。

6-1-4

笔记栏

（二）做好大班幼儿的升学准备工作

幼儿园生活，无论是活动形式、生活环境、师生关系、教育方法等，都和小学有着很大的不同，大班孩子对于小学生活还处于一种懵懂状态，他们对小学的了解都是通过成人的介绍和自己的一些参观活动获得的。因此，大班幼儿升学准备应侧重于主动性、适用性，以及任务意识、时间观念和规则意识的培养。

1. 培养幼儿的主动性

培养主动性就是要在幼儿园教育中培养幼儿的自信心、对周围的人和事物的积极态度，激发幼儿参与活动的兴趣，给他们提供自己选择、自己计划、自己决定的机会和条件，鼓励他们去探索、去尝试，并获得成功的体验。研究表明，富于主动性的幼儿思维活跃，做事有信心，能主动与人交往，进入小学后能较快地适应新环境，学习成绩也较好。

2. 培养幼儿的独立性

小学阶段课间和课余时间由学生自己支配，生活需要自理，这就要求孩子有较强的独立生活能力。因此，要注意培养幼儿的时间观念，增强幼儿的独立意识，让幼儿知道什么时候应该做什么事情并自觉去做。

3. 发展幼儿的人际交往能力

发展幼儿人际交往能力的重要性表现在进入小学后对新的人际环境的适应方面。人际交往能力弱的幼儿胆小、不能主动地与同伴交往，或不能与同伴友好相处，遇到问题也不敢去找老师寻求帮助等。他们会感到孤独、心情沮丧，学习的兴趣大大降低，学校对他们的吸引力也随之消失。因此，教师应注意从小事培养幼儿的人际交往能力，如教孩子学会谦虚、有礼貌、不大声喧哗、不与小伙伴抢玩具等。这些事情虽然看起来很小，却有利于创造友好、合作的氛围，有利于增强幼儿的人际交往能力。

4. 培养幼儿的规则意识和任务意识

上课不能喝水、不能有小动作等是小学的纪律。难以记住和遵守这些要求，成为不少新生在学校受批评的主要原因。同时，进入小学后学习成为主要任务，幼儿往往一时难以树立这样的任务意识。针对这一情况，幼儿园应当注意培养幼儿的规则意识和任务意识，提高幼儿的主动适应能力。

5. 发展动作，增强体质

小学的学习活动较游戏活动显得枯燥，儿童入学后脑力活动、书写任务增多，学习压力增大，因此，儿童应具有健康的体魄、较强的手眼协调能力和运

笔记栏

动能力。学前教育阶段除了保证必需的营养，做好保健工作外，更重要的是积极锻炼儿童的身体、发展动作，以增强其体质。动作发展协调、身体强壮以及体能发展好的儿童更容易适应小学的学习特点和生活。

6. 发展幼儿的学习适应能力

幼儿进入小学后，学习成了主要活动，以读、写、算为主导。但是幼儿教师不能进入让幼儿提早接受具体课本知识的误区，而应重视幼儿认、读、算背后的智能发展，如空间关系理解、观察比较、抽象符号操作等。另外，教师尤其要注意对幼儿学习兴趣、学习热情、学习专注性和持久性的培养。例如，让幼儿在限定时间内完成绘画、剪纸、书写等活动，主要目的是让幼儿集中精力做好一件事情，并能够坚持一段时间，以利于幼儿日后适应小学的上课时间。又如，教师可以多给幼儿讲一些故事、童话、诗歌等文学作品，帮助幼儿养成静坐、倾听的习惯，为他们升学后进行正规系统的学习打好基础。

（三）转变班级工作方式

教师在班级组织工作中要实现三个转变，以适应大班幼儿的年龄特点与发展需要。

1. 改变教学方法

大班后期教师要适当减少游戏和户外活动，增加看书、做手工等安静活动。教师应有计划地指导幼儿阅读，使幼儿学会从左到右、从上到下有序地看书，培养幼儿的学习能力、书写能力和正确的握笔姿势。另外，教师应尽量减少用游戏、读写等直观方法进行教学，多进行口头教学，如猜谜语、找错等，促使幼儿由直观思维向抽象思维过渡。

2. 生活环境布置逐渐向小学靠近

大班后期的作息制度可适当更改，如适当缩短午睡时间，延长上课时间，每周逐渐增加上课或智力活动次数。环境尽量向小学靠近，教师可以改变课桌的摆放布局，以利于幼儿注意力的集中。另外，教师还可以开展一些与小学学习有关的常规训练，如自己背书包上学、不迟到、生病要请假等。同时，还可以开展竞选小组长和争当值日生等活动，培养幼儿的学习兴趣及规范意识，引导幼儿自觉、积极地参加活动。

3. 加强体育锻炼，增强幼儿体质

为了帮助幼儿适应上小学后体力和脑力方面的消耗，教师要加强对大班幼儿的体质锻炼，培养幼儿勇敢、坚持不懈的精神以及对外部压力的适应能力，如晨练时进行空气浴等。

笔记栏

（四）认真做好幼小衔接中的家长工作

幼小衔接并不只是幼儿园和小学的工作，家庭和社会因素都起着重要作用，其中家长的作用尤为重要。在幼小衔接工作中，教师要重视并做好家长工作。

1. 针对家长的认识问题，召开家长会和举办专题讲座

教师应向家长了解幼儿的发展现状，介绍幼儿园的培养目标和大班学期工作计划以及幼小衔接工作的具体措施；还可以成立家长学校，请幼教专家来园讲课，使家长认识到幼小衔接不仅仅是知识上的准备，还包括身体和心理上的准备。

2. 充分发挥“家长园地”的作用

“家长园地”是幼儿园与家长沟通的窗口。大班后期可以设立幼小衔接专栏，根据目标有计划地选择和更新内容，让家长在小小的“家长园地”中，学习并掌握科学的教育观、儿童观，从而与幼儿园积极配合，为幼儿的发展共同努力。

三、家长的准备

幼小衔接是孩子的事情，也是家长的事情。幼小衔接作为幼儿迈进小学的第一步，其作用是不可忽视的。父母作为孩子的第一任老师，有责任帮助他们顺利度过这个阶段。那么，家长应如何认识幼小衔接呢？应该如何帮助幼儿做好幼小衔接的准备呢？

幼小衔接家长要关注哪些问题

（一）正确认识幼小衔接

幼儿园和小学是相互衔接的两个教育阶段，两者在教育性质、课程设置、教学方式等方面都有所不同。很多家长意识到了幼小衔接的重要性，但是在具体做法上却常常出现偏差，有的甚至陷入误区。因此，家长应端正心态，不必过分焦虑。

家长可以这样做：

（1）积极参与幼儿园组织召开的幼小衔接专题家长会或教育讲座，了解孩子在进入小学前要做好哪些准备。

（2）多与教师沟通，了解孩子在幼儿园的表现，虚心听取教师的指导，有针对性地引导孩子。

（3）通过优质的图书及线上学习资源，加强对幼小衔接的理解，做到心中有数。

（二）增强孩子的身体素质

与幼儿园相比，小学生活节奏较快，学习任务也较为繁重。家长如果忽视

笔记栏

孩子的身体素质，可能会使孩子在入学初期就难以适应生活上的变化和紧张的学习任务，甚至接连生病、影响学习。

家长可以这样做：

（1）注意培养孩子良好的饮食习惯，不挑食、不偏食，自己独立吃饭。

（2）通过户外活动或小游戏锻炼孩子的大肌肉运动，如球类活动、游泳、爬山等。

（3）通过穿衣、叠衣、择菜等生活活动锻炼孩子的精细动作能力。

（4）通过带孩子滑滑梯、荡秋千、爬坡等，帮助他们培养良好的平衡能力。

（三）培养孩子的专注力

法国生物学家乔治·居维叶曾说过："天才，首先是注意力。"拥有良好的注意力，能够让孩子在进入小学后，更快地适应角色变化和学校生活，养成良好的学习习惯。

家长可以这样做：

（1）培养孩子倾听的能力。例如，家长每天讲一个孩子爱听的故事，时间控制在30分钟以内，要求孩子坐着聆听，否则故事暂停。一段时间后，再适当延长时间。

幼小衔接要培养幼儿四大习惯

（2）为孩子创造一个良好的学习环境。为孩子准备一张属于自己的书桌，让孩子进行阅读、画画等活动，尽量减少孩子看电视、上网、玩网络游戏的时间。

（3）带孩子玩一些拼图、积木或纸牌游戏。这些都能很好地锻炼孩子的观察力和专注力。

（四）提高孩子的独立能力

有的小学新生上学经常迟到，不会收拾书包，不会自己系鞋带，这些看似寻常的"小糗事"，不仅会影响孩子的正常校园生活，而且很容易让孩子受到同学的嘲笑，进而产生心理压力，对他们的身心发展十分不利。

家长可以这样做：

（1）与孩子一起制订每天的生活作息表，以此来规范他们的生活和学习时间。

（2）有意识地让孩子自己穿脱衣服、刷牙洗脸、整理书包、保管自己的物品。

（3）引导孩子做一些力所能及的家务活，如扫地、倒垃圾、洗碗、擦桌子等。

笔记栏

（五）培养孩子的人际交往能力

在幼小衔接阶段，家长对孩子人际交往能力的培养是十分重要的。人际交往能力强的孩子不仅能通过适宜的方式结交到新伙伴，还能建立起和谐的师生关系，快速地适应新环境。家长可以这样做：

（1）鼓励孩子积极、主动地与不同年龄段的小朋友交流互动。

（2）根据孩子的兴趣让其适当地参加一些兴趣小组。

（3）制定一些规则，帮助孩子树立规则意识，如不能乱扔垃圾、遇到熟人打招呼、犯错后道歉等。

（六）重视家园合作

《幼儿园教育指导纲要（试行）》指出："幼儿园应该与家庭、社区紧密合作，与小学相互衔接，综合利用各种教育资源，共同为幼儿的发展创造良好的环境。"幼小衔接离不开家长、幼儿园、小学及社会的通力合作，只有各个环节相互配合、相互促进，才会达到事半功倍的衔接效果。

家长可以这样做：

（1）积极与学校老师交流互动，及时了解孩子在学校的表现。

（2）向老师客观地反映孩子在家的表现，以便有针对性地对孩子进行引导。

（3）关注家校沟通平台，多学习一些家庭教育的方法。

步骤二　任务实训

1. 小组讨论：幼小衔接中有哪些常见问题？幼儿教师如何为孩子们搭建好从幼儿园到小学这座成长的桥梁？

◎常见问题：

◎问题分析：

◎教育策略：

2. 案例分析。

在幼儿园的大班教室里，老师和孩子们正在开展“我要上小学了”的主题活动，有些孩子对即将到来的小学生活充满了向往，他们说：“上小学说明我们长大了！”“小学生可以戴红领巾了！”可是，一旁的晨晨却皱着眉头说：“可是，小学有好多作业，会不会很累呀？”晨晨的话引起了全班孩子的共鸣，也引发了老师们对如何让“幼小衔接成为有效衔接”的思考。

（1）如果你是晨晨的老师，你应该如何解答晨晨的问题？

（2）谈谈该案例给你哪些启示。

3. 幼小衔接工作离不开家长的支持与配合。请策划一场家长会，针对幼小衔接工作为家长进行培训和指导。

◎家长会策划方案：

步骤三 思考提升

1. 简述家长在幼小衔接方面可以起到哪些作用。

2. 谈谈你对“让幼小衔接成为有效衔接”这句话的理解。

步骤四 任务评价

<table>
<tr><th>序号</th><th>评价要点</th><th>评分依据</th><th>分值范围</th><th>教师评分</th></tr>
<tr><td>1</td><td>对幼儿在幼小衔接工作中需要准备内容的掌握情况</td><td rowspan="3">要求学生针对所应掌握的相关内容形成文字材料，提交给教师作为评分依据</td><td>0~10 分</td><td></td></tr>
<tr><td>2</td><td>对教师在幼小衔接工作中需要准备内容的掌握情况</td><td>0~15 分</td><td></td></tr>
<tr><td>3</td><td>对家长在幼小衔接工作中需要准备内容的掌握情况</td><td>0~15 分</td><td></td></tr>
<tr><td>4</td><td>学生课前准备及课堂表现情况</td><td>1. 课前准备材料需提交给教师作为评分依据
2. 教师根据学生在课堂上的表现或个人突出表现进行评分</td><td>0~20 分</td><td></td></tr>
<tr><td>5</td><td>在“任务实训”环节的表现情况</td><td>1. 依据实训中的个人表现评分
2. 依据实训中文字材料的丰富性评分
3. 依据实训优异程度评分</td><td>0~20 分</td><td></td></tr>
<tr><td>6</td><td>“思考提升”的完成度</td><td>1. 依据文字材料评分
2. 依据完成优异情况评分</td><td>0~20 分</td><td></td></tr>
<tr><td colspan="4">得分（总成绩 100 分）</td><td></td></tr>
<tr><td>教师评语</td><td colspan="4"></td></tr>
</table>

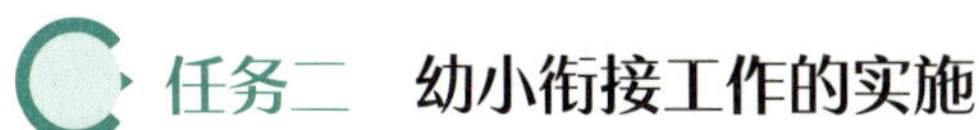

任务二 幼小衔接工作的实施

任务背景

陶行知先生曾指出，小学教育是建国之根本，幼稚教育尤为根本之根本。可见幼小衔接工作的重要性。幼小衔接不仅是教师关注的问题，更是家长十分关心的问题。因此，班级教师和家长应有意识地在一日生活中培养幼儿良好的学习习惯和行为习惯，帮助幼儿做好入学前的各项准备，顺利度过幼小衔接阶段，为幼儿的学前教育阶段画上一个圆满的句号。

任务目标

1. 掌握一日生活中的幼小衔接要点。
2. 掌握家园共育中的幼小衔接要点。

如何做好幼小衔接

任务准备

幼小衔接主题活动方案。

任务实施

步骤一 知识梳理

一、一日生活中的幼小衔接

幼小衔接实际上从幼儿入园就开始了。进入幼儿园后，幼儿开始学习生活常规，培养自理能力、人际交往能力、学习能力等，这些都贯穿于幼儿园一日教育教学生活实践。经过三年幼儿园的学习生活，幼儿具备了进入小学所必需的生活学习习惯、学习兴趣、经验能力等。进入小学是幼儿生活的新起点，为了帮助幼儿尽快适应学校生活，从幼儿园平稳过渡到小学，幼儿园大班教师应在一日生活中做好幼小衔接工作，具体体现在以下几个方面。

（一）作息时间的调整

进入小学后幼儿基本没有了午睡时间，但是其脑力劳动负担却大大超过了

笔记栏

笔记栏

入学前。所以，在入学前这段时间，家园应配合调整幼儿的作息时间，保证幼儿睡眠充足，并帮助幼儿养成早睡早起的良好习惯。比如，从大班下学期开始，早上要求幼儿 8：30 之前到园，适当地延长幼儿的集体教学时间，尝试在两个教学活动中添加 10 分钟的课间活动，让幼儿园的作息时间和活动安排尽量接近于小学，帮助幼儿较快地适应小学的生活节奏。

（二）学习习惯的培养

好的学习习惯是顺利进入小学阶段学习的关键。幼儿阶段学习习惯的培养应融入各种游戏和学习活动。在平时的活动中，教师要注意培养幼儿独立学习的能力；提示他们认真听讲，独立完成作业；作业完成后要学会自己检查；学习时要专心，不能一边学习一边做其他的事情等。

在大班的下学期，教师可以请家长为幼儿准备入学的基本学习用品，如书包、文具盒、铅笔、橡皮擦、作业本、拼音本、图书等，让幼儿了解这些用品的名称和作用。此外，教师可以引导幼儿自己整理书包，按书包的构造有序安放物品。随着经验的不断积累，幼儿良好的学习习惯会逐渐得到巩固和发展。

（三）时间观念的建立

教师可以从认识时间、感知时间的长短、遵守规定的时间、学习安排时间等几个方面培养幼儿的时间观念。教师可以教幼儿认识时钟，认识一分钟、一小时、整点、半点；公布班级活动时间，每日请值日生提示老师什么时间做什么事情。如 10：00 时，值日生需要告诉老师该吃加餐了；11：30 时，该吃中饭了；下午 5：00 时，爸爸妈妈快要来接自己了……渐渐地，幼儿就会把时间和活动联系在一起。教师还可以带领幼儿体验 10 分钟有多长以及 10 分钟可以做什么等，如开展课间 10 分钟活动，指导幼儿抓紧 10 分钟的时间如厕、喝水、收拾自己的文具，使幼儿在上学后能够顺利适应学校的节奏。

（四）任务意识的培养

幼儿的任务意识直接影响着他们后续的学习态度，是与幼小衔接相关的重要习惯与品质培养内容之一。具有一定的任务意识，可以帮助幼儿摆脱对成人的依赖，在心理上将学习和自由玩耍区分开。教师可以让幼儿准备一个计划本，记下当天回家的任务，并指导幼儿自己做任务计划，如幼儿计划当天回家看一本书，那么就要想好看什么书、在什么时间看等。教师要请家长监督计划的实施情况并写下反馈，第二天让幼儿带来幼儿园与大家分享。任务意识的培养可以为幼儿进入小学后记录作业奠定基础。

6-2-2

笔记栏

（五）积极情感的培养

小学在幼儿的心中是很陌生的，因此培养幼儿对小学生活的兴趣和向往十分重要。教师要开展有关入学的各种主题教育活动，激发幼儿的入学愿望，让他们知道上学是一件很快乐的事情。教师可以开展的主题教育活动有“我要上小学了”“我心中的小学”等。此外，教师还可以带领幼儿到附近的小学参观以帮助幼儿直观地了解小学。在参观小学的活动中，幼儿会看到开阔的操场、整齐有序的图书馆和科学馆，以及哥哥姐姐的小制作、小发明……小学在他们的心中又多了一份吸引力。通过这些活动，他们对小学的陌生感会减少，对上小学会产生向往和期待的积极情绪。

二、家园共育中的幼小衔接

幼小衔接是家园携手共育的一项重要工作。《幼儿园教育指导纲要（试行）》中明确指出：“家庭是幼儿园重要的合作伙伴，应本着尊重、平等、合作的原则，争取家长的理解、支持和主动参与，并积极支持、帮助家长提高教育能力。”

从幼儿园进入小学，是幼儿成长中的一个重要转折点。在这个转折点上，仅靠教师在园的教育和努力远远不够，更多的是需要家庭教育的参与。家园共育作为幼小衔接的重要途径，已经成为解决孩子入学后诸多不适应问题、实现幼儿园和小学无缝对接的重要手段。

（一）家园共育中幼小衔接的内容

1. 家园合作激发幼儿对校园的向往之情

孩子在进入小学前，既有对小学生活的向往，为马上成为小学生而感到兴奋，同时也担心上了小学后老师要求严、受拘束，为有作业任务而产生恐惧、畏难心理。家长和教师都要注意保护孩子的前一种心理，让孩子在期待中开始小学生活。比如，幼儿园可以组织大班孩子走进小学，比幼儿园更加丰富多样的设施，与幼儿园完全不同的教室、课桌椅，哥哥姐姐们认真听讲、专心致志的样子等，都会给孩子们留下深刻的印象，激发他们对小学的向往。还可以开展“家长幼儿共绘心中的学校”活动，让幼儿和家长一起画出心目中小学的模样，促使家长、幼儿从成人和孩子的不同角度描绘小学，从而给予孩子最直观的情感教育，激发幼儿向往小学、热爱小学的情感，同时也让家长直观了解孩子的情感世界。

2. 家园互动培养幼儿的任务意识和规则意识

任务意识和规则意识的培养是幼儿社会性教育的重要组成部分，不仅可以

笔记栏

缓解幼小衔接的坡度，还将使孩子终身受益。心理学研究表明，4 ～ 5 岁的幼儿已经具备了完成指定任务的能力。因此，在幼儿入园初期教师就应有意识地在区域活动中培养幼儿的任务意识及规则意识，使幼儿可通过自选的方式学会自己安排自己的活动，做活动的主人，并了解活动与规则的关系。

为培养幼儿的任务意识，小班阶段可以让幼儿把新学习的儿歌唱给家长听；中班阶段可以请幼儿充当“传话筒”，向家长传达教师交代的事情；大班阶段可以让幼儿在假期完成一件小作品，并在开学后带到幼儿园，同时请家长配合，培养幼儿按时完成任务的好习惯。另外，在一日生活的各个环节中，教师要积极利用环境以及各个活动的准备环节，让幼儿养成遵守纪律的好习惯，如走路要靠右边、回答问题要举手、别人发言不插嘴等，慢慢地变练习为习惯，这都离不开家长的支持和配合。

3. 家园一致培养幼儿良好的学习习惯和安全意识

良好的习惯是家庭教育和幼儿园教育共同塑造的。虽然在幼儿园里，教师都会有意培养孩子的行为习惯，但幼儿很大一部分时间是在家里度过的，因此，家长也需要明确自己的责任，帮助孩子养成良好的习惯。比如，教师可以指导家长在家庭教育中开展“亲子新闻速递”活动。每天利用一点时间，让幼儿看新闻并向家长讲述，目的在于引起幼儿对身边事物的关注，培养其观察力、注意力和记忆力。

安全是人类最基本、最重要的需求。安全教育一直是幼儿园教育工作中的重中之重。教师应当引导幼儿正确认识世界，讲解最基本的生活常识，进行适当的锻炼、磨砺，帮助幼儿树立安全意识。幼儿园每周都应安排一次专门的安全教育活动，每次活动都要有内容、目标以及过程。平时的随机教育就更不能少，在指导家长时这方面的内容也不能含糊。

（二）家园共育中开展幼小衔接工作的方法

1. 调查问卷

针对幼小衔接中家长感到困惑不解的问题，教师可以设计开放性调查问卷，并将问卷结果进行收集与汇总，对家长的实际困惑进行有效的解答。

2. 专题家长会

教师组织或邀请小学教师、教育专家等给家长做幼小衔接专题讲座，通过理论联系实际，帮助家长分析幼小衔接的核心问题，引导家长走出“超前教育”的误区。

6-2-4

笔记栏

3. 家长座谈会

教师邀请已毕业幼儿的家长来园和大班家长进行座谈、交流，围绕“升入小学需要重点培养幼儿哪些方面”“家长需要怎样的心理准备”等问题展开讨论。通过已毕业孩子家长的示范引领、家长之间的有效沟通，为家长答疑解惑，从而促进对幼儿良好学习习惯和生活习惯的培养。

家园共育中开展幼小衔接工作的注意事项

1. 发动家长参与

（1）在班级家长会上说明幼小衔接的重要性和长期性。

（2）及时向家长介绍班级在幼小衔接方面开展的活动及其意义。

（3）鼓励家长关注和了解幼小衔接活动的进程以及幼儿的表现。

2. 和家长及时沟通

（1）发挥幼儿成长手册的联系作用和幼小衔接家长手册的指导作用，及时反馈幼儿的发展情况，帮助家长梳理幼小衔接需要准备的事项，配合班级教师共同做好准备工作。

（2）通过微信、QQ、公众号等形式，及时与家长沟通互动。

三、开展幼小衔接主题活动

（1）幼小衔接主题活动旨在帮助幼儿实现从幼儿园到小学的平稳过渡，让幼儿建立自信心，能健康、快乐地适应小学阶段的学习生活，保持身心的和谐发展。

（2）幼小衔接主题活动的开展要充分尊重幼儿的年龄特点和身心发展规律，并体现后续学习和未来社会对幼儿发展的要求。

（3）幼小衔接主题活动应充分体现科学性、整合性和趣味性。

（4）幼小衔接主题活动要与小学“学习准备期”的综合活动有机结合，尤其是在儿童发展的评价问题上，应体现出价值取向的一致性。

（5）幼儿教师应重点围绕“入学愿望”“学习兴趣”“学习与生活习惯”三个活动目标来进行主题活动内容的设计与组织。

步骤二 任务实训

1. 有些家长认为，幼儿园大班应以集体教学为主，教授拼音、数学运算等相关知识，减少“幼、小”之间的差别，为幼儿升入小学做准备。你认为这种观点对吗，为什么？

2. 2021 年，《教育部关于大力推进幼儿园与小学科学衔接的指导意见》发布，该意见提出“全面推进幼儿园和小学实施入学准备和入学适应教育，减缓衔接坡度，帮助儿童顺利实现从幼儿园到小学的过渡”。结合这一意见，谈谈你对幼小衔接的理解。

3. 分组讨论：幼儿教师如何在一日生活中体现幼小衔接？请举例说明。

◎小组一：

◎小组二：

◎小组三：

◎小组四：

◎小组五：

◎学习收获：

4. 撰写一份幼小衔接主题活动方案。

◎幼小衔接主题活动方案：

步骤三　思考提升

1. 家长在幼小衔接方面起到哪些作用？面对孩子即将到来的小学生活，家长应该培养孩子哪些好习惯？

2. 帮助幼儿科学做好入学准备教育，是幼儿教育的重要内容。请针对大班家长制作一个调查问卷，收集家长们对幼小衔接工作的困惑和不解。

3. 围绕“入学愿望”“学习兴趣”“学习与生活习惯”三个目标，设计组织一次主题活动，帮助幼儿顺利度过幼小衔接关键期。

6-2-8

步骤四 任务评价

<table>
<tr><th>序号</th><th>评价要点</th><th>评分依据</th><th>分值范围</th><th>教师评分</th></tr>
<tr><td>1</td><td>对一日生活中幼小衔接内容的掌握情况</td><td rowspan="3">要求学生针对所应掌握的相关内容形成文字材料，提交给教师作为评分依据</td><td>0~10 分</td><td></td></tr>
<tr><td>2</td><td>对家园共育中幼小衔接内容的掌握情况</td><td>0~15 分</td><td></td></tr>
<tr><td>3</td><td>是否掌握开展幼小衔接主题活动的内容与方法</td><td>0~15 分</td><td></td></tr>
<tr><td>4</td><td>学生课前准备及课堂表现情况</td><td>1. 课前准备材料需提交给教师作为评分依据
2. 教师根据学生在课堂上的表现或个人突出表现进行评分</td><td>0~20 分</td><td></td></tr>
<tr><td>5</td><td>在“任务实训”环节的表现情况</td><td>1. 依据实训中的个人表现评分
2. 依据实训中文字材料的丰富性评分
3. 依据实训优异程度评分</td><td>0~20 分</td><td></td></tr>
<tr><td>6</td><td>“思考提升”的完成度</td><td>1. 依据文字材料评分
2. 依据完成优异情况评分</td><td>0~20 分</td><td></td></tr>
<tr><td colspan="4">得分（总成绩 100 分）</td><td></td></tr>
<tr><td>教师评语</td><td colspan="4"></td></tr>
</table>

|项目七| 班级财产和资源管理

古为今用

古文：

锲而舍之，朽木不折；锲而不舍，金石可镂。

——〔战国〕荀子《劝学》

今用：

不能坚持到底，即使是朽木也不能折断；只要坚持不停地用刀刻，就算是金属玉石也可以雕出花饰。幼儿园班级管理是一项复杂的系统工程，除了班级开学工作、班级一日常规及安全管理、环境创设、家长社区工作等重要内容外，班级财务管理、资源管理也是不可或缺的内容。如何开展好班级财务、物品、信息等资源的管理工作，是本项目将要介绍的内容。本项目为学生梳理出财务、物品、资源管理工作的重要性及其定义、原则、内容等基础知识，让学生掌握班级财务管理、物品管理、资源管理的实施方法，提升管理能力和水平，达到学以致用的目的。

学习目标

1. 知识目标：了解班级财产和资源管理的内容。
2. 技能目标：掌握班级财产和资源管理的常用方法。
3. 素质目标：培养对幼儿园班级财产和资源管理工作的责任感和规划意识。
4. 思政目标：树立勤俭节约的思想观念，杜绝浪费现象。

学习建议

班级财产和资源的管理工作有助于教师提高管理能力和理财能力。幼儿教师在班级管理前期应充分准备，提前了解班级财产、资源基本配置，并预想到管理难点。建议根据自己的理解，事先设计一份“幼儿园班级财产和资源管理清单”，方便在“知识梳理”环节学习时加深记忆，培养资料收集、整理与分析的能力。

思维导图

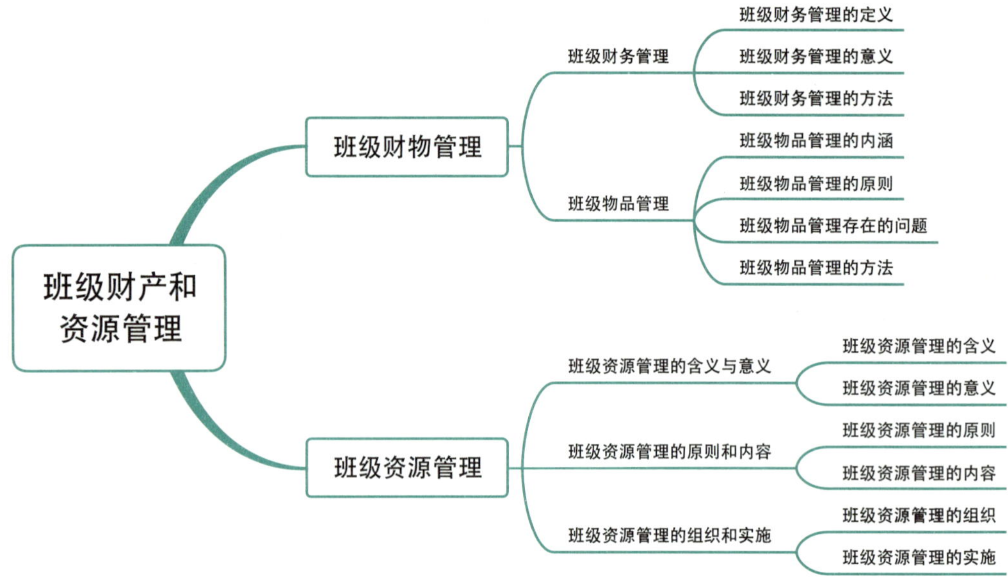

笔记栏

任务一 班级财物管理

任务背景

在现行的幼儿园财物管理制度下，幼儿园班级的财物管理权有限，但因为涉及金钱等重要事物，幼儿教师必须格外谨慎。如何做好班级财物管理工作，让财物使用得合理、高效，是本任务将要探讨的问题。

任务目标

1. 了解班级财务管理的定义、意义和方法。
2. 理解班级物品管理的内涵和原则。
3. 了解当前班级物品管理中存在的问题，掌握管理方法。

任务准备

班级财物管理素材、文本、课件。

任务实施

步骤一 知识梳理

一、班级财务管理

（一）班级财务管理的定义

班级财务管理是指在幼儿园总经费统筹规划下，班级教师对所划拨的班级经费进行预算、使用与结算的管理过程。这些班级经费主要用于购买班级所需的玩教具、图书、办公文化用品等的日常开支，或用以支付节日庆典（如六一儿童节、元旦），运动会，毕业庆典等大型活动所需的费用。因为班级经费有限，所以教师对每一笔经费都应该做到经济实用、使用到位、公开透明，合理、有效地发挥班级财务管理的作用，积极协助幼儿园做好整体的财务管理工作。

（二）班级财务管理的意义

办公经费、幼儿用品费用以及幼儿伙食费是幼儿园财务管理中与班级财务

笔记栏

管理不可分割的内容。最大限度地发挥经费的效益是幼儿园财务管理的主要任务，而幼儿园有限的经费也使得这一任务变得充满挑战。合理的班级财务管理不仅可以使整个班级的管理更有效率，而且可以促进整个幼儿园财务管理的良性循环。

（三）班级财务管理的方法

1. 制定和完善班级财务管理制度

要做好有效管理，建章立制必不可少。班级教师应依据整个幼儿园的财务管理制度，制定本班的财务管理制度，并且严格执行、规范行事，做到有章可循。同时，努力做好专门的财务管理记录，将幼儿园划拨的班级经费的使用记录在册，做到一切有账目、一切有依据。此外，对班级财务管理的不合理之处应及时讨论、及时调整，使班级财务管理制度更加完善、运作更加科学。

2. 合理预算、审批与开支

《幼儿园工作规程》指出："幼儿园不得以培养幼儿某种专项技能、组织或参与竞赛等为由，另外收取费用；不得以营利为目的组织幼儿表演、竞赛等活动。"为此，教师在做班级经费预算时应坚持"量入为出、统筹兼顾、保证重点、收支平衡"的原则，保障幼儿在园的生活及教育教学活动的顺利进行。主班教师要结合本年度本班经费的实际情况，参考以往年度预算执行情况，统筹规划、全面考虑班级本学期、本学年的开支情况，既要考虑班级常规开支费用，又要兼顾计划外特殊情况的需要，同时还要积极与本班保教人员、家长委员会做好协商，灵活、合理地做好经费预算，并上报园方审批后方可执行，中途不得随意收费。

3. 自觉接受多方督导和监管

班级教师在执行财务制度时应严格管理、明细账目、公开透明、相互监督，除了班级保教人员之间的监督外，还要接受园方的财务监督。当前很多幼儿园为了更好地完成家园共育工作，纷纷成立了家长委员会，积极吸纳家长参与幼儿园及班级的管理工作，充分发挥家长的监督管理作用。

二、班级物品管理

（一）班级物品管理的内涵

幼儿园班级物品指的是除班级空间外的一切设备设施和所用之物。班级物品种类繁多，有桌椅、板凳、钢琴、电视、电脑、教具等教学用品，水杯、餐具、毛巾、饮水机、消毒柜等生活用品，各个区域的玩具、学具、图书、活动材料等游戏用品，公共卫生的保洁、清扫和消毒物品，还有幼儿的午休及日常

笔记栏

衣物、书包等个人生活用品等。这些物品在班级活动空间中不能随意摆放，而应该分类、有序放置，并注意科学管理。

幼儿园班级物品管理是指教师根据班级的教育目标，通过计划、组织、实施、调整等环节，优化班级物品使用，从而提高班级管理效率，促进教育目标的实现。通过对班级物品合理、规范、有序地管理，可以为幼儿创设一个丰富、健康的生活和活动环境，提高设备、物品的使用效率，不仅能够更好地服务教育教学活动，避免浪费和损坏，还可以培养幼儿良好的物品使用习惯和自理能力。

（二）班级物品管理的原则

1. 安全实用原则

《幼儿园教育指导纲要（试行）》明确指出："幼儿园必须把保护幼儿的生命和促进幼儿的健康放在工作的首位。"班级物品的安全，一方面是材料的安全，要确保无毒、无污染；另一方面是物品摆放的安全，电子产品、电源插座、玩具、悬挂物、墙饰、活动器械的摆放需符合安全规范。班级物品不是多多益善，而应根据幼儿学习、生活、活动的需要以及幼儿的身心特点设置。

2. 动态发展原则

班级物品是教师开展教育教学活动和幼儿生活、学习、游戏的重要保障，是促进幼儿发展的重要力量。班级物品应根据教育教学活动的变化及时整理、补充，为幼儿创设温馨、健康、丰富多彩的活动环境，更好地服务于教育教学活动及一日活动的开展；还要根据季节的变化及时调整，如根据气候的变化及时更换被褥等。

3. 物尽其用原则

在班级物品管理中，应避免物品堆放式投放，而应根据需要逐步投放，精打细算，不铺张、不浪费。纸箱、奶罐、纸杯、易拉罐、矿泉水瓶等都可以再利用，教师可引导幼儿充分发挥想象力、创新力，尝试一物多用、变废为宝，既锻炼了幼儿的创造能力，又在潜移默化中培养了幼儿勤俭节约的美德。

4. 共同参与原则

班级物品管理不只是教师和保育员的职责，还是班级中每一位成员的职责。教师和幼儿都是班级的主人和班级物品管理的主体。教师应根据幼儿的年龄特点，与幼儿共同制作标识、制定班级物品管理的规则、规划班级区域，调动幼儿参与物品清洁、整理的积极性和主动性，培养幼儿科学管理物品、定位收放物品的良好习惯，强化幼儿的责任感和按类别收拾整理物品的能力。

笔记栏

（三）班级物品管理存在的问题

1. 班级物品管理的随意性

班级物品的摆放未划分区域，物品存放位置未定类，物品放置杂乱、无标识。班级物品管理的随意性不仅导致取放材料不方便，还会造成安全隐患。

2. 班级物品管理的盲目性

班级区角设置、班级物品的管理缺乏科学规划，相关的制度与标准缺失。物品如何归类、如何放置没有目标，只是简单地清理、堆放。有的幼儿园因为班级空间窄小，或者活动室、午休室未分开，将物品随意堆放，导致需要物品时耗费大量时间寻找。

3. 班级物品管理的主观性

班级教师在设置区角、物品定位标识、进区角规则、插卡规则等方面与幼儿沟通不充分，往往导致幼儿不能按照教师的要求收拾、整理物品，也无法遵守规则。

（四）班级物品管理的方法

1. 建立健全班级物品管理制度，明确分工、共同管理

班级管理涉及班级中的每一个成员，教师与保育员应在尊重个人意愿的基础上，按照“谁使用、谁保管、谁负责”的民主分工原则，建立健全班级物品管理制度，负责人对班级物品要做好整理归纳、保管齐全，取用时做好记录。一般来讲，保育员主要负责班级公共卫生用品和幼儿个人生活用品的管理，教师主要负责班级教学用品和幼儿学习、游戏等活动用品的管理。虽然有一定的分工与要求，但在实际生活中，由于班级物品的使用在时间与空间上很难进行严格的划分，所以班级人员一定要相互协作、共同负责。

幼儿也是班级管理的主体，尤其是中班、大班幼儿，教师要注意激发他们参与班级物品管理的积极性和主动性，培养幼儿的秩序感与生活自理能力，养成物归原处的良好习惯。幼儿对物品分门别类的管理，在一定程度上还可以提升他们自身对实物概念的初步掌握能力，真正发挥物品管理服务教育教学的实效性。

2. 创建“班级物品登记表”和“班级物品变损清单”作为交接、检查的依据

在学期初和学期末对班级物品进行登记，创建“班级物品登记表”，并备好“班级物品变损清单”，随时记录、更新班级物品在日常教育活动中的使用及损坏情况，以便及时修理与补充，更好地服务教育教学活动。表格的运用既便于幼儿园对各个班级的物品进行统一记录和分析，同时也能切实提高本班的物品

7-1-4

笔记栏

管理效率。

3. 物品分类放置、摆放整齐，保持物品的清洁、卫生

首先，班级内的物品种类繁多。许多小型物品不应混杂放置，而应将不同种类的物品进行分类。对于使用频率较高的玩具和区域活动材料，班级人员要制定相应的使用规则和管理办法，并在平时坚持一致性。装物品的容器可以用不同的颜色加以区分，也可以在容器表面贴上醒目的标签以便于寻找。例如，幼儿园班级中盛放美工材料的盒子按颜色加以区分：红色的盒子用来放泥工材料，绿色的盒子用来放纸工材料，蓝色的盒子用来放幼儿的作品，等等。再如，柜子按照“A1”“A2”“A3”等编号存放各个主题活动的教辅用品。这样，无论是教师还是幼儿在使用过程中都能够一目了然，提高活动效率。

其次，物品分类之后，摆放要整齐且位置固定。每次用完物品之后要及时放回原处，以便下次使用。另外，对于幼儿的生活用品以及玩具等要经常清洗和消毒，确保幼儿使用的物品干净安全。对于班级内的设施设备等，也要经常清扫、擦拭以保持干净，尤其是一些设施设备内部等易忽略的地方更要定期清洁。

4. 物品摆放的位置和高度适宜，便于幼儿取放

物品摆放位置的总体原则是便于幼儿开展活动，最大限度地把空间留给幼儿。为此，幼儿常用的一些玩教具材料，如水彩笔、手工纸、橡皮泥、图书绘本等物品的摆放要考虑幼儿的身高，便于幼儿根据活动需要自行取放。切不可为了单纯的美观或一味的整齐，而忽视了幼儿的需要。

小班、中班、大班幼儿的身高不同，班级中幼儿的桌椅等配置也就要有相应的区别。但是小班中可能会有个子较高的幼儿，大班中也可能会有个子较矮的幼儿，还有特殊需求的幼儿，教师要及时发觉幼儿的需要，并给予个别调整和帮助，保障幼儿的舒适与健康。

5. 为每位幼儿提供“专柜”，以存放私人物品

幼儿园班级在条件允许的情况下，应尽可能为每个幼儿提供存放私人物品的空间，如为每个幼儿配备一个小柜子或小箱子，这样既满足了幼儿对个人空间的需求，又便于幼儿自主管理个人物品。

此外，班级人员对幼儿临时性的个人生活用品应妥善保管，并注意及时与家长沟通联系，防止损害或丢失；对有安全隐患的药品、消毒液、电器、开水等其他物品，一定要注意合理放置、妥善保管。

步骤二 任务实训

教师展示课件，让学生观察某一班级的物品摆放情况。

（1）梳理汇总该班物品管理中存在的问题，并有针对性地为他们提出建议。

◎问题：

◎建议：

（2）结合所学，为该班制订一份下学期的财务规划。

步骤三 思考提升

1. 怎样做好幼儿园财务管理？幼儿园财务管理通常采用哪些方法？
2. 做好班级财务管理的核心点有哪些？请举例说明。
3. 结合实际，谈谈幼儿园财务管理的意义。
4. 去幼儿园实习，说说班级是否存在着财产流失或浪费现象。

步骤四 任务评价

<table>
<tr><th>序号</th><th>评价要点</th><th>评分依据</th><th>分值范围</th><th>教师评分</th></tr>
<tr><td>1</td><td>对班级财务管理的定义、意义和方法等内容的掌握情况</td><td rowspan="3">要求学生针对所应掌握的相关内容形成文字材料，提交给教师作为评分依据</td><td>0~10 分</td><td></td></tr>
<tr><td>2</td><td>对班级物品管理的内涵和原则等内容的掌握情况</td><td>0~15 分</td><td></td></tr>
<tr><td>3</td><td>是否掌握班级物品管理的方法并能够灵活运用</td><td>0~15 分</td><td></td></tr>
<tr><td>4</td><td>学生课前准备及课堂表现情况</td><td>1. 课前准备材料需提交给教师作为评分依据
2. 教师根据学生在课堂上的表现或个人突出表现进行评分</td><td>0~20 分</td><td></td></tr>
<tr><td>5</td><td>在“任务实训”环节的表现情况</td><td>1. 依据实训中的个人表现评分
2. 依据实训中文字材料的丰富性评分
3. 依据实训优异程度评分</td><td>0~20 分</td><td></td></tr>
<tr><td>6</td><td>“思考提升”的完成度</td><td>1. 依据文字材料评分
2. 依据完成优异情况评分</td><td>0~20 分</td><td></td></tr>
<tr><td colspan="4">得分（总成绩 100 分）</td><td></td></tr>
<tr><td>教师评语</td><td colspan="4"></td></tr>
</table>

笔记栏

任务二 班级资源管理

任务背景

随着我国学前教育事业的不断发展，幼儿园办园条件不断改善。更好地利用现有的资源开展教育教学工作，将各种班级资源的使用达到最大化，是一项需要班级教师长期坚持完成的工作。

任务目标

1. 理解班级资源管理的重要性。
2. 了解班级资源管理的原则和内容。
3. 掌握班级资源管理的实施方法。

任务准备

班级资源管理素材、文本。

任务实施

步骤一 知识梳理

一、班级资源管理的含义与意义

（一）班级资源管理的含义

对幼儿园而言，班级资源是指有益于幼儿快乐生活和健康发展的众多资源，包括班级家长资源、班级空间环境资源、班级教室个体资源等。

综合国内外学者及文献资料的观点，可以将幼儿园班级资源管理定义为：幼儿教师以幼儿身心发展规律为依据，以学前教育原则与观念为指导，实现班级中的人、事、物的互动，进而实现各种教育目标和幼儿发展的动态过程。

教师在进行班级资源管理时，应注意以下几点：

（1）班级资源管理是由教师和幼儿共同实施的，管理的主体是教师和幼儿。

（2）班级资源管理是通过计划、组织、实施、调整等环节来实现的。

笔记栏

(3) 班级资源管理是有目标的，最终目的是实现自我管理，有效促进幼儿的发展、教师的发展、教育质量的提高。

（二）班级资源管理的意义

现代教育理念倡导任何班级教育资源均应以促进教育发展为根基。因此，班级资源管理不只是为了保障幼儿一日生活的顺利开展，还是班级管理的前提，其本身就是一种教育，对幼儿的身心发展有重大意义。

教师是幼儿园班级资源管理的主导者，需对班级里的人、事、物进行全面的管理。是否能在面对自己班级的矛盾、冲突与不一致等现象时进行妥善处理和管理，考验着教师的综合能力。

1. 班级资源管理是幼儿园教育的重要保障

班级资源能够充分利用、发挥应有的作用，依赖于管理者对班级一切资源进行合理组织和调配。班级资源只有使用恰当，才能发挥其应有的效能，保证幼儿园一日活动的顺利开展。教师对班级资源进行管理，确保幼儿生活用品、学习用品、游戏材料的正常使用，为幼儿园教育提供了重要保障。

2. 班级资源管理有利于资源共享

一个班级就是一个家，“麻雀虽小，五脏俱全”。日常的资源管理往往具有随意性，各班教师根据自己的需要制作教玩具，再次使用的可能性较低。特别是学期结束时的交接班环节中，班级资源的规整和再利用问题应引起幼儿园、教师的重视。有效的班级资源管理，能够促进各班级间的资源实现全员共享，为教师分享和积累相关班级管理经验提供机会和空间。

3. 有利于教师和幼儿能力的发展提高

随着幼儿园班级管理要求的不断提高，幼儿园班级资源的管理越来越成为教师们关注的问题。资源管理背后折射出教师的教育观念，要管好一个班级的资源，需要教师具备多方面的素质。从资源的利用上看，班级资源管理有助于教师启迪思维、开阔思路、相互学习，共同进步和提高；从教师的发展看，对本班资源进行梳理的过程可以锻炼教师有条理、有效率地做事的能力，分析、归纳的逻辑思维能力，以及与他人分工合作的协调能力等。

此外，在班级资源的管理中，教师可根据幼儿的生理和心理特点，让其参与管理的过程，发挥幼儿的主动性，形成良好的自我管理模式，有利于幼儿自主管理意识的树立，促进幼儿健康、全面、和谐发展。

笔记栏

二、班级资源管理的原则和内容

班级资源管理涉及的面较广，包括与班级相关的人、物等各方面的内容。进行班级资源管理的教师一方面要按照班级管理的基本要求，另一方面必须遵循一定的基本原则，才能发挥幼儿园班级资源管理的最大效益。

（一）班级资源管理的原则

1. 有效性原则

优质的班级管理模式可以提高班级的保教质量，而良好的资源管理是班级管理水平的重要体现。因此，教师要对班级资源管理的有效性有充分的认识，本着对工作、对幼儿的热爱，实现资源管理优化，促进班级工作有序、全面地开展，使班级工作协调、可持续发展。

2. 统筹性原则

统筹性原则是指班级资源管理应以班级为单位，制订详细周密的计划，全面、科学、合理地安排班级所有的资源，以防资源流失、浪费，确保班级资源得到充分利用。

3. 发展性原则

发展性原则是班级资源管理中很重要的一项原则。它要求教师树立先进的教育理念，灵活地结合幼儿园课程内容要求以及本班幼儿的年龄特征，管理好本班各种资源，做到资源为发展服务。

4. 节约性原则

节约性原则指教师进行班级资源管理时，要树立节约意识，处处精打细算，充分利用有限的资源，将已有的资源循环再利用，以最少的人力、物力和时间，尽可能获得更多、更好的价值，努力提高资源的使用效率，使班级资源最大限度地发挥作用。

（二）班级资源管理的内容

教师只有明确了班级资源管理的内容，才能对班级资源进行合理组织与调配。班级资源一般可分为物质资源、文本资源、信息资源等。

1. 物质资源管理

物质资源包括班级幼儿的生活物品（床、被褥、茶杯、毛巾等），学习物品（玩具、学具、桌椅、游戏材料等），教师教学物品（教具、电教设备等）。

由于这些物品都是班级日常最主要的资源且又比较零散，难管理、易丢失，因此，班级教师应本着主人翁的态度，做到用完物品及时归于原处，如有外借物品要及时登记，建立物品使用保管制度，随时记录物品使用状况。

笔记栏

2. 信息资源管理

信息资源管理就是以现代信息技术为手段，对班级幼儿信息、家长信息、教育信息等资源进行统计、分析、汇总。这些信息真实地反映了幼儿成长的环境、家庭教育状况以及兴趣特长、爱好、参与活动的态度和状态，教师应妥善保管，不得泄露信息，做好信息的保密工作。

班级教育信息是在教育教学活动、游戏活动中形成的有参考价值和保存价值的信息，包括主题活动的方案、教研活动的反思、亲子活动的照片等。每个班级可安排固定的教师负责班级教育信息的管理工作，通常情况下由主班教师负责，把能反映本班教育情况的、具有价值的材料都纳入其中，并通过家园联系栏、微信群、公众号等方式进行推广、留存。

3. 文本资源管理

班级文本资源通常分为日常教育资料、教育资料和各项制度。日常教育资料包括教材、幼儿操作材料、幼儿作品、幼儿成长档案等；教育资料包括教育文件、班级工作计划、家长活动计划、经验总结、科研成果等；各项制度包括幼儿作息制度、教师岗位职责等。这些资源内容繁多，需要班级教师统一、有序地进行管理，才能有效地发挥其作用，促进班级工作顺利开展。

三、班级资源管理的组织和实施

（一）班级资源管理的组织

在以往的班级资源管理工作中，不少幼儿园仅依靠园长的指示，凭经验管理，不重视管理目标的制定，导致了资源的流失。班级资源管理目标的建立，不仅具有引导和指向作用，还具有衡量和评价作用。

1. 班级资源管理的规划

班级资源管理规划是根据班级幼儿发展的需要，在对班级现有资源进行分析的基础上，对原有资源“二次开发”的预测和对新资源的设想，一般分为总体规划和专项计划。

2. 班级资源管理的组织方法

为提高教育资源的使用效率，班级资源管理常采用“人员流动、教室固定”的方法，其有助于节约人力、共享资源。教师在更换教室时，将一些已经不符合本班幼儿发展的教玩具留给新班级使用，从而让班级资源发挥其最大价值。

在实施的过程中，还应注意不能“一刀切”，要根据园区、班级实际及上下学期幼儿的不同特点，妥善处理。

笔记栏

（二）班级资源管理的实施

实施，即教师采用有效策略，通过统一合理的安排，使班级资源具有一定的规范性、系统性和完整性。

1. 制度管理

班级的资源是实现班级教育教学计划的物质条件。园内各班级应建立资源保管制度，比如，各种物品领用制度、物品外借的规定、贵重物品的管理规定等，指定专人保管，明确领用及借用手续，落实修理或赔偿标准，确保保管好、使用好班级内所有物资，做到物尽其用，充分发挥应有的作用。

2. 过程管理

（1）学期初（接班）

接班时，教师首先要逐一清点班级内各种资源，核查遗失或损坏的物品及相应的备注说明。同时，结合本班实际，制订本学期需补充各类物品的计划。

（2）学期中

在学期中，教师要重新清点、审核班级内的各种资源，若有物品损坏和遗失，应及时修理和补充。同时，结合实际，将适合或不适合本班幼儿的物品进行登记。

（3）学期末（交班）

交班时，向接班教师逐一清点班级内各种资源，对损坏或遗失物品进行解释说明，阐述补充物品的必要性；向接班教师说明自己对物品使用现状的评价，并提出相应的建议。

步骤二 任务实训

1. 在学期结束时的交接班环节中，如何交接班级资源？说一说怎样才能在交接班时使班级资源既不浪费，又发挥出最大效能。

2. 有学者认为，班级资源由教师主导管理，逐步引导学生参与管理，最终实现班级良好常规，有效维持教学顺利进行，促进儿童全面发展。请你谈谈对这句话的理解。此外，你觉得幼儿园班级资源管理有哪些特点？请举例说明。

3. 请你分享一个幼儿参与班级资源管理的案例。

步骤三 思考提升

1. 请结合在幼儿园观摩到的案例，分析教师所采用的班级资源管理的方法。

2. 请结合工作实际，谈一谈幼儿园班级资源管理的内容有哪些，并对其进行分类。

3. 请结合自身经验，谈谈如何优化班级资源的管理。

4. 班级资源管理有助于教师提高哪些方面的能力？

5. 结合实际，谈谈“人员流动，教室固定”的班级资源管理方法有哪些好处。

步骤四 任务评价

<table>
<tr><th>序号</th><th>评价要点</th><th>评分依据</th><th>分值范围</th><th>教师评分</th></tr>
<tr><td>1</td><td>对班级资源管理重要性的理解程度</td><td rowspan="3">要求学生针对所应掌握的相关内容形成文字材料，提交给教师作为评分依据</td><td>0~10 分</td><td></td></tr>
<tr><td>2</td><td>对班级资源管理的原则和内容的掌握情况</td><td>0~15 分</td><td></td></tr>
<tr><td>3</td><td>是否掌握班级资源管理的实施方法</td><td>0~15 分</td><td></td></tr>
<tr><td>4</td><td>学生课前准备及课堂表现情况</td><td>1. 课前准备材料需提交给教师作为评分依据
2. 教师根据学生在课堂上的表现或个人突出表现进行评分</td><td>0~20 分</td><td></td></tr>
<tr><td>5</td><td>在“任务实训”环节的表现情况</td><td>1. 依据实训中的个人表现评分
2. 依据实训中文字材料的丰富性评分
3. 依据实训优异程度评分</td><td>0~20 分</td><td></td></tr>
<tr><td>6</td><td>“思考提升”的完成度</td><td>1. 依据文字材料评分
2. 依据完成优异情况评分</td><td>0~20 分</td><td></td></tr>
<tr><td colspan="4">得分（总成绩 100 分）</td><td></td></tr>
<tr><td>教师评语</td><td colspan="4"></td></tr>
</table>

附录 | 班级管理常用表格

表1　新生入园登记表

填表人：　　　　　　　　　　　　　　填表日期：　　　年　　月　　日

<table>
<tr><td>幼儿姓名</td><td></td><td>性别</td><td></td><td>出生年月</td><td></td><td>班级</td><td></td></tr>
<tr><td>家庭住址</td><td colspan="3"></td><td>紧急联系人</td><td></td><td>电话</td><td></td></tr>
<tr><td>健康状况</td><td colspan="7">1. 是否经常患病 □
2. 是否能较快适应季节、环境的变化 □
3. 心理健康方面：是否经常保持情绪愉快 □ 是否任性 □
4. 是否有过敏史 □ 若是，过敏源是 ________
5. 是否有癫痫史 □
6. 曾患过哪种疾病（请在疾病名称旁打“√”）
□水痘 □皮肤病 □肝炎 □肺炎 □哮喘 □胃病 □肾病 □骨折 □风疹 □腮腺炎 □白喉 □高温惊厥 □贫血 □其他（请写明疾病名称）________
有无过敏药物：□ 无　□ 有，过敏药物为 ________</td></tr>
<tr><td rowspan="5">基本生活能力与习惯</td><td>喝　水</td><td colspan="6">喝水习惯：□能主动喝水 □需要成人提醒
使用水杯：□会 □不会</td></tr>
<tr><td>进　食</td><td colspan="6">进食习惯：□能自己进食 □需成人喂　进食速度：□快 □慢
使用餐具：□勺子 □筷子　挑食情况：□有 □没有　□其他
____________</td></tr>
<tr><td>睡　眠</td><td colspan="6">是否有午睡习惯：□有 □没有 入睡速度：□快 □慢
是否会尿床：□会 □不会</td></tr>
<tr><td>穿脱衣服</td><td colspan="6">自己穿衣：□会 □不会　自己脱衣：□会 □不会
自己穿鞋：□会 □不会　自己脱鞋：□会 □不会</td></tr>
<tr><td>大小便</td><td colspan="6">□定时排便　□不定时　□经常便秘
□有便意的时候能主动告诉成人　□其他 ______________</td></tr>
</table>

续表

社会性	与成人交往：□喜欢　□愿意　□不愿意 与幼儿交往：□喜欢　□愿意　□不愿意 家长每天是否有时间与孩子游戏或交流 （时长 ________ 具体内容 ___________ ）
孩子需要教师特别关照的地方	

表2 新生入园花名册

班主任： 保育员：

序号	姓名	性别	出生日期	家庭住址	家长姓名	联系电话	微信	QQ	备注

表 3　幼儿园新生家访表

家访日期：　　　年　　月　　日

一、幼儿家庭基本情况			
姓名：	乳名：	性别：	出生日期：
幼儿体质如何	□弱 □一般 □良好	有无家族传染病史	□有 □无 病史：
有无过敏症状	□有 □无 过敏源：	有无需要幼儿园特殊照顾的地方（如突发性疾病等）	□有 □无 说明：
二、幼儿生活习惯情况			
能否独立进餐	□能 □否	能否独立整理物品、玩具等	□能 □否
能否自己穿脱衣服	□能 □否 达到何种程度：	大小便能否自理	□能 □否 特殊表现：
每晚睡觉时间是否规律	□是 □否 大约几点：	是否有午睡习惯	□是 □否 大约几点：
入睡习惯	□独立入睡 □大人哄睡 □大人陪睡	生活方面需要经常提醒的是	□吃饭 □喝水 □大小便 □午睡 其他：
三、幼儿个性特点及兴趣、爱好			
主要性格表现	□活泼开朗 □比较内向	不满时的表现	□不高兴，但经说服能说通 □闷闷不乐，不理人 □哭闹不止 □发脾气（摔东西、打人）
有哪些兴趣爱好	□唱歌 □跳舞 □绘画 □游戏 □看书 □听故事 □拼拆玩具 □观察 □问问题 其他：	孩子有哪些好习惯	□不乱花钱买零食和玩具 □懂谦让，不独占玩具 □对人有礼貌，不打人、骂人 □爱干净、讲卫生 其他：

续表

在与其他孩子交往时	□能和平相处，愉快地进行游戏，自己能够处理好游戏过程中出现的争执 □愿意一起游戏，但在游戏中不善于处理关系，经常发生争执，并且表现强势 □在成人鼓励下愿意一起游戏，但常处于被动状态，发生争执时不争辩，经常受委屈 □更多的时候喜欢一个人在家里，即使出门，也紧紧拉着大人的手，不愿意参与游戏 □其他：		
四、幼儿的家庭教育情况			
在此之前是否有入读过其他幼儿园或早教机构	□是 □否 名称：	父母与孩子的交流情况	□陪孩子做游戏 □给孩子讲故事 □与孩子聊天
在教育孩子时，父母之间以及两代人之间的态度属于	□基本一致 □偶尔一致 □不一致	您在家着重从哪些方面培养、教育孩子	□识字 □数数 □自理能力 □行为习惯 □文明礼仪 □安全意识
五、家长对幼儿园教育的希望			

表4　幼儿一日生活作息安排

序号	时间段	内容
1	07：30—08：20	晨间接待、桌面游戏
2	08：20—08：40	谈话、点心
3	08：40—09：40	早操、户外体育活动
4	09：40—09：50	自由活动
5	09：50—10：10	学习活动
6	10：10—10：50	生活活动、区角游戏活动
7	10：50—11：05	快乐阅读
8	11：05—12：00	午餐、餐后散步
9	12：00—14：15	午睡
10	14：15—14：50	起床、点心、自由活动
11	14：50—15：10	学习活动
12	15：10—15：40	户外体育活动
13	15：40—16：30	离园准备、离园

表5 幼儿园一日活动观察记录表

为全面了解幼儿园的一日生活保教工作，我们需要进行幼儿园一日活动各环节的观察、记录。

班级： 姓名： 日期： 年 月 日

时间	环节	教师 主要职责	保育员 主要职责	幼儿	评议

表 6　幼儿园教育活动观察记录表

班级：　　　　　　　　　姓名：　　　　　　　　　日期：　　　年　　月　　日

时间		地点	
活动名称			
活动目标			
活动准备			
活动过程			
活动延伸			
观摩评价			

表 7　幼儿园室外游戏活动观察记录表

对幼儿游戏进行详细观察和记录的目的，是分析幼儿的游戏行为，从而给予正确的游戏指导。

班级：　　　　　　　　姓名：　　　　　　　　日期：　　年　　月　　日

<table>
<tr><td>班级</td><td></td><td>人数</td><td></td></tr>
<tr><td>安全状况</td><td colspan="3">□场地安全　□玩具材料安全
□器械安全　□内容安全　　　□其他：</td></tr>
<tr><td rowspan="3">幼儿反应</td><td>活动秩序</td><td colspan="2">□自觉有序　　　□能听从指挥
□无序　　　　　□混乱</td></tr>
<tr><td>参与情况</td><td colspan="2">□积极投入　　　□愿意参与
□被动参与　　　□不愿参与</td></tr>
<tr><td>材料使用</td><td colspan="2">□创造性地使用　□正确使用
□初步学会使用　□不会使用</td></tr>
<tr><td>特殊情况记录</td><td colspan="3"></td></tr>
<tr><td>处理意见</td><td colspan="3"></td></tr>
<tr><td>观察分析与反思</td><td colspan="3"></td></tr>
</table>

表 8　幼儿园室内游戏活动观察记录表

班级：　　　　　　　　姓名：　　　　　　　　日期：　　年　　月　　日

开展主题		带班教师	
游戏要求			
游戏环境或游戏材料			
观察内容或对象			
幼儿游戏情况观察记录			
教师对幼儿游戏讲评及对幼儿游戏状况分析			
对下次游戏的分析与建议			

表 9 幼儿园创造性游戏活动观摩记录表

班级： 姓名： 日期： 年 月 日

<table>
<tr><td>幼儿园</td><td></td><td>班级</td><td></td><td>幼儿参与人数</td><td></td></tr>
<tr><td>时间</td><td colspan="2">时 分 — 时 分</td><td rowspan="2">游戏名称
与类型</td><td>游戏名称</td><td></td></tr>
<tr><td>执教者</td><td colspan="2"></td><td>游戏类型</td><td></td></tr>
<tr><td colspan="6">游戏目标：</td></tr>
<tr><td colspan="6">游戏准备：</td></tr>
<tr><td colspan="6">游戏活动过程实录：</td></tr>
<tr><td colspan="6">评价与反思：</td></tr>
</table>

表10　幼儿园规则性游戏活动观摩记录表

班级：　　　　　　　　　　姓名：　　　　　　　　　　日期：　　　年　　月　　日

<table>
<tr><td>幼儿园</td><td></td><td>班级</td><td></td><td>幼儿参与人数</td><td></td></tr>
<tr><td>时间</td><td colspan="2">时　分 — 时　分</td><td rowspan="2">游戏名称与类型</td><td>游戏名称</td><td></td></tr>
<tr><td>执教者</td><td colspan="2"></td><td>游戏类型</td><td></td></tr>
<tr><td colspan="6">游戏目标：</td></tr>
<tr><td colspan="6">游戏规则：</td></tr>
<tr><td colspan="6">游戏准备：</td></tr>
<tr><td colspan="6">游戏活动过程实录：</td></tr>
<tr><td colspan="6">评价与反思：</td></tr>
</table>

表 11 班级区域游戏观察记录表

班级： 姓名： 日期： 年 月 日

区域名称	
该区域主要材料与数量	
幼儿与材料的互动	
幼儿合作与交往	
辅助材料使用情况	
总评（区域设置、材料投放、幼儿游戏表现、教师指导等）	

表 12 区域游戏集体观察记录表

班级： 姓名： 日期： 年 月 日

区域名称	活动材料	幼儿游戏状况	教师指导	备注
（___区）				
（___区）				
（___区）				
（___区）				
（___区）				
（___区）				
（___区）				
（___区）				

表 13 幼儿个案观察记录表

观察任意一个幼儿的行为特征进行记录，发现并分析问题，提出相应解决措施。

班级： 姓名： 日期： 年 月 日

<table>
<tr><td>班级</td><td colspan="2">观察对象</td><td colspan="2">活动场所</td><td>观察时间</td><td>观察者</td></tr>
<tr><td></td><td colspan="2"></td><td colspan="2"></td><td></td><td></td></tr>
<tr><td>特殊原因</td><td colspan="6"></td></tr>
<tr><td>特殊护理</td><td colspan="6">□隔离观察 □打针 □喂药 □生活护理 □其他：</td></tr>
<tr><td>观察环节</td><td colspan="4">观察指标</td><td colspan="2">备注</td></tr>
<tr><td>入园</td><td>情绪状态</td><td></td><td>体温</td><td></td><td colspan="2"></td></tr>
<tr><td>集体活动</td><td>情绪状态</td><td></td><td>参与情况</td><td></td><td colspan="2"></td></tr>
<tr><td>用餐</td><td>情绪状态</td><td></td><td>用餐量</td><td></td><td colspan="2"></td></tr>
<tr><td>午睡</td><td>情绪状态</td><td></td><td>午睡情况</td><td></td><td colspan="2"></td></tr>
<tr><td>大便情况</td><td>情绪状态</td><td></td><td>质量</td><td></td><td colspan="2"></td></tr>
<tr><td>情况分析</td><td colspan="6"></td></tr>
<tr><td>反馈与建议</td><td colspan="6"></td></tr>
</table>

填表说明：

1. 情绪状态：分“好”（愉快积极）、“中”、“差”（情绪低落、沮丧或哭泣）。
2. 参与情况：分“积极”、“被动”、“消极”等。
3. 午睡情况：分“正常”、“入睡时间短”、“不能入睡”等。

表 14　教学工作反思记录表

班级：　　　　　　　　姓名：　　　　　　　　日期：　　年　　月　　日

思效：自我评价教学活动的方法、措施、媒体运用，是否达成目标
思得：自我评价教学活动的成功之处，捕捉偶发事件产生的“瞬间灵感”和“智慧火花”
思失：回顾和梳理教学过程，寻找教学过程中的不足之处
思改：通过对各个教学环节的得失分析，找到问题症结，提出改进策略

表 15 幼儿园一日生活安全检查表

班级： 姓名： 日期： 年 月 日

项目	内容	检查教师执行的程度		
		优	良	一般
来园活动	1. 健全保健制度，加强晨检，坚持“一摸、二看、三问、四查”			
	2. 热情接待幼儿，与家长做好交接工作，做到与教师“手递手”			
	3. 家长给幼儿带药需填写“幼儿在园服药登记表”并签字			
	4. 保健室每天做好幼儿健康、卫生检查工作			
	其他：			
户外活动	1. 活动前，教师需检查场地及器械是否完好，消除安全隐患			
	2. 活动中，根据运动的情况及天气变化，随时给幼儿增减衣服			
	3. 建立活动常规，引导幼儿有秩序地玩，不互相争抢、推拉、打闹			
	4. 活动结束前，教师需带领幼儿做舒缓轻松的放松运动			
	其他：			
盥洗活动	1. 保持盥洗室地面干爽、无积水，防止幼儿滑倒			
	2. 教师需教会幼儿使用“七步洗手法”有效洗手			
	3. 教师应维护好如厕盥洗环节的秩序，教育幼儿有序排队、不拥挤			
	4. 保育教师每天不定时地冲刷消毒马桶、小便池，清洁地面			
	其他：			

续表

项目	内容	检查教师执行的程度		
		优	良	一般
睡眠活动	1. 午睡前，教师不组织剧烈活动，避免幼儿情绪过分激动、紧张，难以入睡			
	2. 吃得过饱的幼儿可延迟上床，避免出现意外			
	3. 观察幼儿睡姿，对于喜欢蒙头睡觉及睡姿不对的幼儿及时予以纠正			
	4. 幼儿起床后，教师要安排幼儿有序地穿衣服、如厕、进行午检等			
	其他：			
进餐活动	1. 营造安全、卫生、整洁、有秩序、温馨的进餐氛围			
	2. 幼儿每次进餐时间保持在 20~30 分钟，教师不催促、不强喂			
	3. 教师给幼儿盛饭、菜、汤时，严禁从幼儿的头顶经过			
	4. 用餐前后，教师不组织剧烈活动，避免幼儿过度兴奋			
	其他：			
区域活动	1. 自然科学区、益智区：摆放材料要慎重，严禁摆放有毒、有害的植物			
	2. 图书区：书架的高度便于幼儿自己取放图书，教师需提醒幼儿一次只取一本书			
	3. 美工区：选择安全的剪刀，剪刀头不可太尖利；教师要教会幼儿正确使用和取放剪刀的方法			
	4. 沙水区：教师要经常检查玩沙和玩水的器具，不可有破损、生锈、尖利之处，确保幼儿的安全			
	其他：			

续表

项目	内容	检查教师执行的程度		
		优	良	一般
教育活动	1. 为幼儿提供的学习操作材料应是卫生、安全的			
	2. 注意培养幼儿的各种正确姿势，促进幼儿视力、骨骼、肌肉、体形的正常发育			
	3. 教幼儿学习正确地操作玩具和学具（剪刀、铅笔等），避免造成外伤			
	4. 教育幼儿不得将纽扣、种子、小珠子等用来学习计算和分类的材料放入嘴里、耳朵里或鼻子里			
	其他：			
离园活动	1. 离园前，教师进行晚检，确保幼儿健健康康的离园			
	2. 门卫加强安保工作，密切注意幼儿进出，杜绝无关人员进出幼儿园			
	3. 严格执行接送制度，保证幼儿安全离园。若遇家长迟接幼儿时，教师不得将幼儿留于保安室			
	其他：			

注：请针对出现的情况做出评价，在相应方框内打钩即可，可在“其他”部分进行补充。

表 16　班级物品登记表

类别	物品名称	物品数量	型号	责任人	备注
生活用品					
学习用品					

表 17　班级物品变损清单

物品名称	单位	数量	变损记载	备注

表 18 幼儿园运动器械登记表

班级： 日期： 年 月 日

器材名称	数量	使用时长	是否破损	备注
脚踏车				
平衡车				
组合攀爬架				
钻爬玩具				
荡秋千				
摇摇马				
游戏大滚筒				
木制玩具组合				
平衡组合				
竹梯				
小皮球				
小篮球				
小足球				
呼啦圈				
拱形门				
羊角球				
大龙球				
跳绳				
拔河绳				
沙包				
彩虹伞				
玩沙工具				
滑梯				
跳跳袋				
其他运动器械：				

参考文献

[1] 候娟珍 . 幼儿园班级管理 [M]. 北京：北京师范大学出版社，2016.

[2] 黄人颂 . 学前教育学 [M]． 北京：人民教育出版社，2009.

[3] 教育部基础教育司 .《幼儿园教育指导纲要（试行）》解读 [M]. 南京：江苏教育出版社，2013.

[4] 教育部教师工作司 .《幼儿园教师专业标准（试行）》解读 [M]. 北京：北京师范大学出版社，2002.

[5] 刘炎，何梦焱 . 幼儿园教育环境创设 [M]. 北京：高等教育出版社，2014.

[6] 刘焱 . 幼儿游戏通论 [M]. 北京：北京师范大学出版社，2004.

[7] 施良方 . 课程理论 [M]. 北京：教育科学出版社，1996.

[8] 薛彦华，史晓燕 . 幼儿园班级管理与环境创设 [M]. 北京：北京师范大学出版社，2014.

[9] 鄢超云 . 学前教育评价 [M]. 北京 : 高等教育出版社，2010.

[10] 张金陵 . 幼儿园班级管理 [M]. 上海：华东师范大学出版社，2015.